ヨベル新書
071

焚き火を囲んで聴く神の物語・説教篇〈5〉

何度でも何度でも何度でも愛

民数記

大頭眞一

YOBEL,Inc.

水垣 渉先生に

大頭眞一牧師に「贈る言葉」

登戸学寮長、北海道大学名誉教授　千葉　恵

大頭眞一牧師の全八巻におよぶ説教集が公刊されますこと心よりお祝い申し上げます。牧師が心を注ぎだしつつ日曜ごとに語られた福音とその聴衆などの方々の献身によります音声の文字化を通じての共同作業における感動の共有、これはわが国の現状のなかで大きな証と存じます。説教を拝聴したことがない身でおこがましいのですが、個人的な評ではなく「贈る言葉」をということでしたので、一般的な言葉で船出を祝したいと存じます。

説教はギリシア・ローマ世界では説得をこととする「弁論術（Rhetoric）」に属します。政治家や弁論家は聴衆の「パトス（感情）」に訴えまた「ロゴス（理論）」により訴えそして、「人格」に訴えつつ、自らが最も正しいと理解することがらを市民に説得する、その技術が弁論術です。例えば、戦争に駆り出そうとするさいには、パトスに訴え「家々は焼かれ財産は略

奪され、婦女子は……」という仕方で恐怖などを呼び起こして参戦を促しました。
大頭牧師は説教によりイエス・キリストを宣教しておられます。キリストが罪を赦す権威をもった方であり、人類に救いをもたらす方であることを聴衆に語り掛け、説得します。福音の宣教は通常の弁論術とは異なります。例えばペリクレスの場合は彼の「人格」の故に、民衆はペリクレスが言うのだからという彼の人格への信頼のもとに彼の政策を受け入れました。しかし、福音の宣教においては、ただイエス・キリストの「人格」が屹立しています。彼においてこそ、他の人類の歴史においては一度も実現できなかった正義と憐れみの両立が出来事となりました。この救い主を高らかに宣教すること、ただそれだけで、キリストの弟子でありうることただそれだけで、大頭牧師は無上の光栄ある務めであり、希望であり喜びであると日曜ごとに立ち返っておられたことでありましょう。キリストを語ること、それだけで人類が持ちうる最大の説得が遂行されていることでありましょう。

２０１９年10月10日

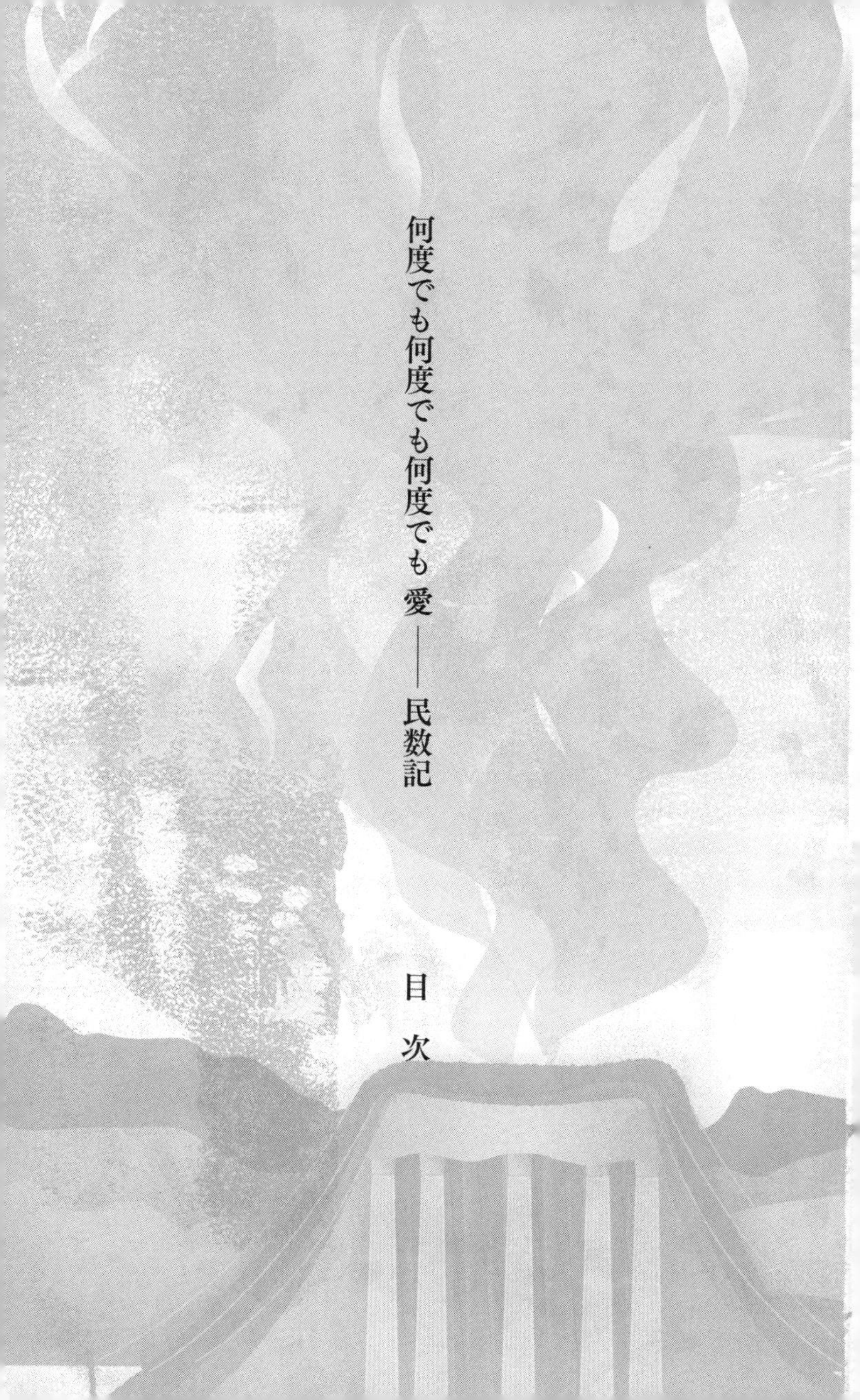

何度でも何度でも何度でも愛——民数記

目次

ゴッド・ブレス・ユー！

聖書　民数記6章22～27節
22 主はモーセにこう告げられた。23「アロンとその子ら
に告げよ。『あなたがたはイスラエルの子らに言って、彼
らをこのように祝福しなさい。24 主があなたを祝福し、
あなたを守られますように。25 主が御顔をあなたに照ら
し、あなたを恵まれますように。26 主が御顔をあなたに
向け、あなたに平安を与えられますように。』27 アロンとその子らが、わたしの名をイスラ
エルの子らの上に置くなら、わたしが彼らを祝福する。」

2月3日、第一主日の聖餐礼拝にようこそいらっしゃいました。去年の4月に創世記から

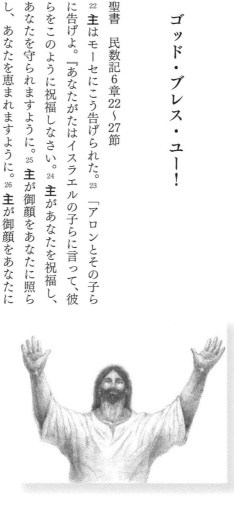

読み進めてまいりましたけれども、今日から民数記です。聖書の最初の五つの書、創世記・出エジプト記・レビ記・民数記・申命記はモーセ五書と呼ばれ、モーセが記したという伝承があります。たしかにモーセしか知るはずのない神さまとモーセとの語り合いが記されていますから、なるほどこれはモーセが書き記したか、あるいはだれかに口述筆記をさせたものだろうと思うわけです。その四番目が民数記です。ところが、聖書通読で最初から読んできた人が、挫折するひとつの箇所が、この民数記の最初の部分でもあるわけです。この民数記の1章から、何々部族の人数を数えたら何万何千何百何十何人というようなことが延々と続いていくわけです。一体これは何の意味があるのだろう。昔のイスラエルの民の人口が何人だったということが、どうしてこんなに長々と書いてあるのだろう。そうやってふと虚しくなって聖書を読むのを中断してしまう人がけっこう多いのです。けれども、この何万何千何百何十何人という、ここにはとても大切な意味があります。それはイスラエルの人々が最後の一人まで数えられている。イスラエルの民が何人いるかというと六十万三千五百五十人なんです。六十万三千五百四十九人でもなく、六十万三千五百五十一人でもなく、六十万三千五百五十人の最後の一人に至るまで、一人ひとりが数えられている。

私が神学校を出まして、最初に赴任した教会が岡山県の香登《かがと》教会という教会でした。その後こちらに来たのですが、香登教会で最初に教えられたことは「人を数えること」。日曜日こうして礼拝を守るわけですが、その夜に、主管牧師だった工藤弘雄先生と礼拝の出席名簿を見るんです。その時に、名簿を見ながら「人数を数えるのではなく、人を数えることにしよう」とよくおっしゃっていたんです。「人数を数えること」と「人を数えること」ってなんか似ているようですけれど、やっぱり違うんです。例えば人数を数えて20人なら、それは20人の中身は違う人であっても20人。誰が来ていても20人だったら20人で済んでしまう。でも人を数えるならば「今日はこの人が来られていた、こんな様子だった、少し元気がなかった、いやとても元気だった……」、そういうふうに人を数えていく。今日はあの人が来られていなかった。体調でも悪いのだろうか。あるいは何かご家庭の中で問題でもあるのだろうか。そういうふうに人を数える。そこに思い巡らしがあり、またそこに祈りが生まれます。他の人を頭数で数えるのではなく、その一人ひとりの人を数えていく。牧師でさえそうだとするならば、神さまはどれほど私たちの一人ひとりに関心を払われているだろうか。だから民数記のどうでもいいように思える細かい数字は、本当は神さまの一人ひとりへの深い関心の表れです。実は民数記の数えているのは成人男子なんです。このころは女性や子どもは人数に入れて数えなかった。けれども、もちろん神さまは、そのひとりの人に伴っている家族のことも知っていてくださって、そして数えてくださっているお方です。
でもこの民数記の最初のところでもう一つ気付かされることは、例えば1章5節からを見ますと、部族ごとの代表者の名前が記されているということです。

「あなたがたの助手となるはずの者の名は次のとおりである。ルベンからはシュデウルの子エリツル。シメオンからはツリシャダイの子シェルミエル。」（1・5―6）

というふうにずっと代表者の名前が記されている。私はここを読むときいつも思うのは、ここに集う私たちもそれぞれの家族の代表者なんだなということ。私たちもそれぞれ家族の中から、ここに招かれて来ている。家族全員で集っている人は案外少ないわけで、やっぱり大部分は家族から一人とか二人とか、そういうかたちで来ている。でも神さまの関心はここにいる私たちとともに、私たちが代表している家族にも注がれているということも覚えていたいのです。家族がなかなか教会に来ない、来てくれたらいいのにと嘆くわけですが、もしかしたら神さまの御業《みわざ》はもう始まっているのかもしれません。私たちが毎週のように礼拝に集い、神さまの御言葉《みことば》を聞き、神さまに満たされて、家庭へと遣わされていく。そのことによって私たちの家族に恵みが始まっている。届き始めている。そして神さまは、私たちの家族をここにいる一人として必ず数えてくださる。そのことを覚えていたいと思います。

民数記の1章から5章くらいまでの苦しいところを乗り切ると、この6章へ来るわけです。今日は6章22節から読んでいただきました。特に、24～26節は「アロンの祝福」と呼ばれるところです。大祭司アロンとその子どもたちが、イスラエルの民を祝福することば。イスラエルの一人ひとりを数え、心に刻んでくださっている神さまが、そんな一人ひとりを祝福することばなんです。礼拝では最後に祝祷をいたします。祝祷にはよく用いられる聖句がいくつかあるんですけれども、私はいつもコリント人への手紙第二から祝祷をいたします。

「願わくは主イエス・キリストの恩恵《めぐみ》・神の愛・聖霊の交感《まじわり》、なんじら凡《すべ》ての者と偕《とも》にあらんことを。」（13・13　文語訳）

私はなぜか文語訳で祝福するわけです。なぜかというと私の母教会、神戸の垂水《たるみ》教会の森先生という方がいつも文語でこの言葉で祝祷をされていた。それを何十年も聞いてるとそれ以外のものが出てこない、頭に埋め込まれています。また香登教会でもこの第二コリントのところから祝祷をしていましたので、そのままずっと来ているわけです。でも実は、すべての教会が第二コリントから祝祷しているわけではなく、かなりの数の教会でこの民数記6章のアロンの祝福のところから祝祷がなされています。実はあの宗教改革者のルターやカルヴァンもここから祝祷をしていたそうです。それだけ豊かな恵みがここにあります。今日はこのアロンの祝福に込められた、神さまの御心、この恵みを聞きたいと思います。ただ聞くだけでなくて、この恵みは今差し出されていますから、これをこの礼拝の中で受け取りたいと願います。

このアロンの祝福には特徴がある。アロンの祝福だけじゃなくて聖書の祝福には共通の特徴があって、それは神さまが主語だということです。24節「**主**があなたを祝福し……」、25節も「**主**が御顔をあなたに照らし……」、26節も「**主**が御顔をあなたに向け……」。主が……、主が……、と神さまが主語なんです。ですから、この祝福のことばを口にする祭司たちの役割は「神さまがあなたを祝福してくださっている」ということを宣言することです。民の代表として立てられている祭司たちの第一の仕事は、神の祝福を宣言することなんです。私たちは逆だと考えやすい。例えばいろんな神社なんかに行くと、なんとかの交通安全の祈祷が何万円と書いてあって、それを頼むと神社の神官は「神よ、かなえたまえ」と言ってその人の願い、こっちの言いたいことを祈るわけです。作物が豊かに実ること、国が平和であること、健康が守られることなどを祈るわけです。

もちろん牧師もそのように祈る、私たちもお互いのためにそう祈る。でも礼拝の中で第一になされるべきことは、神の祝福が宣言されることです。人の思いに先立って、既にもうここに、神の祝福が現れていること、差し出されていることを宣言する。これが最も大事なことなんです。そうでなかったら、私たちは神さまに「これをどうしてもかなえてください、どうしても聞いてください」と自分の願いをひたすらに言い続けることになる。神さまを自分の好きなように使おうとするようなことになってしまう。でもそうじゃない。神さまは、もうすでに、私たちの一人ひとりを数えてくださって、私たちが一番に何を必要としているかを知っていてくださっています。今ここでそれを差し出してくださっている。そういうお方だということを、まず覚えておきたいと思うんです。

ここに三つの祝福があります。**第一の祝福は神さまの守り。**

「主があなたを祝福し、あなたを守られますように。」（6・24）

先ほども申し上げました、これは宣言です。普通は「あなたを守られますように」というお祈りのかたちに訳されますが、むしろ「主があなたを祝福しあなたを守られる」という宣言として訳した方がいいという意見もあります。私もそちらに賛成です。これが神様への祈りだったら「守られるように」となりますけど、このことばは祭司たちが民に向かって宣言していることばです。「……ように」ではなく「守ってくださっている」という宣言がここでなされています。神さまがあなたがたを、私たちを祝福し、守ってくださっている。この宣言がここにあります。私たちは、健康がこういうふうに守られて、この病がこういうふうに治って、どんな事故にも災害にもあわず、経済的にも困らず、どんどん豊かになって繁栄したい、ということを願うかもしれない。けれども、神さまは私たちに一番必要なこと、一番必要な守りをよくご存知で、それをすでに与えてくださっています。なんとなく私たちは「ことなきを得て平安であればいい」と、思うかもしれない。神さまはもっと深いところで、私たちに必要なものを差し出してくださって、既に与えてくださっています。

もう召されましたけれども、水野源三《げんぞう》（1937 - 1984）さんという、クリスチャンの詩人がおります。9歳の時に赤痢になって、高い熱のために脳性麻痺になり、全身が麻痺してしまった。機能しているのは、目と耳だけになった。耳は聞こえ、目も見える。だけど他は身体が全く動かない状態になりました。ところがお母さんは、まばたきができることに気が付かれた。それで五十音「あいうえお……」と書かれた表を持ってきて、手を動かし、源三さんがまばたきをするところで字を選ぶ、気の遠くなるような作業をやっていくと、なんと彼が詩を作っていたことが分かるわけです。多くの詩がまとめられて出版されたわけです。その一つに「苦しまなかったら」という詩があるんです。短い詩ですが、その冒頭はこうです。

もし私が苦しまなかったら
神様の愛を知らなかった

（「わが恵み汝に足れり」水野源三第一詩集138頁より）

この水野さんは、当然自分の体が再び動くようになることを願ったり、祈ったに違いない。そういう意味では神さまは彼の願いを聞いてくださらなかったとも言えるわけです。でも、神さまは本当に必要なことをしてくださった。水野さんが考えもしなかった、願いもしなかった、「神さまの愛を知る」ということをしてくださった。なんとも言いがたい。そのために神さまが水野さんを病気にしたとは思わない。その中にあって、ただ病気が治るということではなく、そのことを通して神さまの愛を知るということをしてくださった。

イエスさまは、人びとが目の見えない人について「この人の目が見えないのは本人の罪のせいか、あるいは親の罪のせいか」と聞いたとき、「そうじゃない、神の栄光が現れるためだ」と言われました。苦しみや悩みがない人は誰もいない。全ての人は悩みや痛みを抱えている。そのことを通して神の栄光が現れる。嫌なことがパッとなくなって、そして元通りの生活に戻るという、ただそれだけではなく、もっと深いところの神さまの御心がなされていく。「もしも私が苦しまなかったら、神様の愛を知らなかった」ということは水野源三さんご本人以外の人が言うわけにいかない。でも、このことばの奥にあるのは、「この苦しみさえも、わたしは受け入れ喜んでいる」という神の愛を知ったことへの喜びです。

私は水野源三さん、あるいは事故で首から下が麻痺してしまった星野富弘さんの証《あかし》を聞く時に、なんかずいぶん長い間誤解していたような気がするんです。以前はこういう話を聞くと「この水野さんは大変な苦しみの中にあったのに、すばらしい信仰の持ち主だったのだな」と思って「私もそういう信仰に見習って、立派な信仰を持たなければならない。どんな苦しみの中でも、神さまを喜ばなければならない」と、聞いていた。「そんなこと、とてもできないな」と思っていました。しかし、最近そうじゃないことが分かってきた。この水野さんは自分で頑張ってすばらしい信仰を獲得したんじゃない。そうではなく、彼はこの苦しみの中で神をうらみ、親をうらみ、世間をうらみ、もう本当に絶望の中にあった。でもそこにいろんな人を通して、まわりのクリスチャンを通して、聖書のみことばを通して、神さまが宣言してくださった。「それでもあなたはわたしに数えられている。それでもあなたはわたしの守りのうちにある。あなたはもうすでにわたしの守りのうちにある。わたしの民の一人として、あなたをわたしは愛する。」そのように神さまが一方的に宣言してくださった。主語は神さまです。水野さんが偉かったわけではない、いわゆる偉人物語ではない。そうではなく、ただ神さまに数えていただいたひとりの人の物語。神さまがしてくださったことの証です。その神さまが私たちをもうすでに、守ってくださっている。

私たちの毎日には痛みがあります。苦しみがあります。この水野源三さんほど目立たないかもしれないけれども、目立たないから駄目なんだって、そういうことでは全然なく、その人に本当に負えるだけの困難があると思います。でも、これをこうしてください、ああしてくださいと言う前に、もうすでに神さまが働いてくださっている。そのことを通して働いてくださっている。神さまが私たちを祝福してくださっている。だから私たちも毎日いろんなことで悩む中で、自分自身に対して宣言するべきだと思います。神さまが私を祝福してくださっている。守ってくださっている。そういうふうに思えなくても、思うとか思わないとかこっちの勝手だけれども、しかし神さまは、すでにその中で私たちを祝福してくださって、守ってくださっている。だから、その中に必ずいろんな解決があったり、神さまが導こうとしておられる御心があります。自分に対して「神さまが今もうすでに私を祝福してくださっている」と、またお互いに対して「神さまはあなたをもうすでに祝福してくださっている」と、そう宣言し合うことができます。神さまの民のひとりとして、一人ひとりがもう数えられています。

第二の祝福は6章25節、**神さまの御顔が私たちを照らす**。

「主が御顔をあなたに照らし、あなたを恵まれますように。」（6・25）

聖書が「神さまの御顔」という言葉を使う時、そこで言おうとしているのは「神さまが共にいて御業を行ってくださっている」ということ。もちろん神さまはすべてをご存知で、すべてを支配しておられます。だけどその支配というのは、たとえば太陽が地球から一定の距離にあって近づきもせず遠ざかりもせず、ずっとたんたんと光を送っているという、そういう関わり方じゃない。もちろんそういうふうに世界を支えておられるんだけれども、しかし神さまは私たちのすぐ近くに来てくださって、顔と顔を合わせるほどに近くに来てくださって、祝福してくださって、照らしてくださっています。そういう神さまなんです。

神さまが私たちを照らしてくださるときに、何が起こるでしょうか。いつも申し上げることですけれども、神さまの光の中で私たちは「ハッ！」とするんです。まずハッとする。後でホッとするんだけれど、まずハッとする。真っ暗な闇の中では、私たちは自分の姿を見ることができない。でも光に照らされると、自分の姿を見ることができる。みなさんもそうだと思いますが、私はかつての自分の、かつてと言ってもずっと昔のこともあればつい最近のこともありますが、かつての自分のことばや行動を思い出して、いたたまれないような思いをすることがあります。なぜあの時自分はああいうことを言ってしまったのかなぁ。あの人にああいう顔つきをしちゃったのかなぁ。あるいは反対もある。なぜあそこで声を掛けなかったんだろう。どうして顔に出して愛を示すことをしなかったんだろう。愛することができなかった。そういうことを思い出すと、辛くて胸をかきむしりたい気持ちになることがあります。そういう思いに責められるときにふと考えるのは、もしキリストを知らなかったら、そういうとき自分はどうしてただろうかなぁということ。お酒を呑みに行って酔いつぶれたかもしれない。あるいは「いや私は悪くない」と強がって、ますます人を苦しめたかもしれない。でも、神さまがその御顔の光をもって私たちを照らしてくださるときにハッとさせられる、でもそのままでは終わらないいんです。一箇所聖書を開きます。

「『闇の中から光が輝き出よ』と言われた神が、キリストの御顔にある神の栄光を知る知識を輝かせるために、私たちの心を照らしてくださったのです。」（Ⅱコリント4・6）

ここに「キリストの御顔」が出てきます。キリストが近づいてくださっている。顔と顔が合うほどに、キリストが私たちに近づいてくださって、神の栄光を私たちに知らせてくださる、見せてくださる。キリストにおいて、十字架と復活に神さまの栄光が現れた。イエスさまは私たちに近づいて、ただ近づくだけじゃなくて私たちのひとりになってくださって、十字架にかかってくださった。私たちの罪を引き受けてくださった。もう胸をかきむしられるような、いたたまれないような、あのときの取り返しがつかないと思うような、それも一切イエスさまは引き受けてくださって、十字架で私たちは赦されている。神さまはそんなことを栄光としてくださった。私たちを救うことを神の栄光としてくださる。光は私たちを「ハッ!」とさせます。でも光は私たちを「ホッ」とさせる。ホッとするというと気楽なようですけど、そうではなく、心の奥底から私たちは癒やされ、神の子とされる。さらにイエスさまは復活してくださって、新しいいのち、復活のいのちを私たちに注いでくださって、神の子としてくださる。同じように神の子とされた主にある兄弟姉妹を、こんなふうに与えてくださっている。そういうことがもう起こっているんです。すでに起こっている。この御顔の光の中で、私たちはその光に照らされ、光の子とされています。

第三の祝福は6章26節、**主が御顔をあなたに向けてくださる。**

「主が御顔をあなたに向け、あなたに平安を与えられますように。」(6・26)

「平安」というのは「シャローム」ということばです。シャロームは「平安」と訳すこともできるし、「平和」という訳し方もあります。平安と言いますと、こころの内側のことです。内側に平安がある。平和というのは他の人との間とか、他の国との間とか、自分の外の人々との間の穏やかな関係です。戦いがなく互いを大切にできる関係にあることを「平和」

といいます。神さまはその両方を私たちに与えてくださる。内なる平安と、そして外に対しての平和の両方を与えてくださっている。それはまずイエスさまが十字架の上で私たちに、神さまと私たちとの間のシャロームを与えてくださったからです。キリストのシャロームは私たちを満たして平安を与え、私たちの中だけに留まらずに外に溢れ出していく。聖書が平和という意味でシャロームを使うときには、国と国の間のシャロームも言うし、もっと身近な人間関係、例えば夫婦の間のシャロームということも言うわけです。一番近い人と互いに大切にし合う穏やかな関係、その関係が世界へと広がっていく、世界に満ちていく。キリストによって神さまとの間にシャロームを得た人間は、そのように世界をシャロームで満たしていくことができます。でもそれは、すでに、今も、ここに、与えられている。この26節も「主が御顔をあなたに向け」と言われています。神さまは私たちと顔と顔を合わせるほど近くあって、私たちにシャロームを満たし続けてくださっている。もし私たちのシャローム、平安や平和が何かのことで破れたりしても、大丈夫。キリストが与えてくださる神さまとのシャロームは、破れても破れても私たちにまた回復を与えてくださる。

さて最初の方で、ルターやカルヴァンもこのアロンの祝福を祝祷に用いていたと申し上げました。アロンの祝福は、旧約聖書的だなあっていう感じがします。第二コリントの方は父・子・御霊が出てくるけれども、このアロンの祝福は神さまが祝福してくださるようにという平凡な祝祷のように思えるかもしれない。実はルターやカルヴァン、あるいはその後の教会がずっとこの祝福を大事にしてきたのには理由があります。この三つの祝福を三位一体の神の祝福だと理解し、受け入れ、教え続けてきました。もちろんこの三つの祝福すべてに三位一体の神が関わっているわけですけれども、でもそれぞれ一つひとつにとりわけ強調して思い起こさせるものがあります。例えば24節「主があなたを祝福し、あなたを守られますように」。ここで「守り」というときに、天地の創り主である全能の父なる神を、とりわけ思い起こさせる。25節「主が御顔をあなたに照らし、あなたを恵まれますように」では、特に私たちを照らす御子イエス・キリストを思い起こさせる。26節の「主が御顔をあなたに向け、あなたに平安を与えられますように」では、聖霊なる神さまが前面に出ていると思われています。ですから教会は、アロンの祝福は三位一体の祝福であると語り継いできました。今日も私たちにこの祝福が、この宣言がなされているのです。

私がいつも祝祷をしますときに、「主イエス・キリストの恵み、父なる神の御愛、聖霊の親しき御交わりが代々限りなくとこしえまで」、そこで終わりますよね。「ありますように」とは言わない。その理由は、ここまでお聞きくださった皆さんならお分かりだと思いますが、宣言だからなんです。神さまが、牧師を通して、お一人おひとりに宣言しておられる。あなたにわたしの祝福がある。今もある。世々限りなくとこしえまで、一人ひとりに、その祝福が変わらずにある、続いて行く、ということを宣言してくださっています。この宣言を今日も受けて、私たちは遣わされて行く。その宣言はいつまで効果があるんですか。次の日曜日までですか。いいえ。次の日曜日にも宣言を受けるけれども、神さまの宣言は変わることがない。とこしえまでも世々限りなく変わることがない。三位一体の神の宣言は、私たちみんなと共に、一人ひとりとともにいつも在るということを、この朝覚えていただきたいと思います。

あなたは世界の祝福になる

聖書　民数記8章5～22節

5 **主**はモーセにこう告げられた。6「レビ人をイス
ラエルの子らの中から取って、彼らをきよめよ。7 あ
なたは次のようにして彼らをきよめなければならな
い。罪のきよめの水を彼らにかける。彼らは全身にか

みそりを当て、その衣服を洗い、身をきよめる。8 そして若い雄牛と油を混ぜた小麦粉の
穀物のささげ物を取る。あなたはまた別の若い雄牛を罪のきよめのささげ物として取る。9
あなたはレビ人を会見の天幕の前に近づかせ、イスラエルの全会衆を集め、10 レビ人を**主**
の前に進ませる。イスラエルの子らは手をレビ人の上に置く。11 アロンはレビ人を、イス
ラエルの子らからの奉献物として**主**の前に献げる。これは彼らが**主**の奉仕をするためであ

る。12 レビ人は、雄牛の頭に手を置く。そこであなたは一頭を罪のきよめのささげ物とし
て、また一頭を全焼のささげ物として**主**に献げ、レビ人のために宥めを行う。13 あなたは
レビ人をアロンとその子らの前に立たせ、彼らを奉献物として**主**に献げる。14 こうして、あ
なたはレビ人をイスラエルの子らのうちから分け、レビ人はわたしのものとなる。15 この
後、レビ人は会見の天幕に入って奉仕をすることができる。あなたは彼らをきよめ、彼ら
を奉献物として献げなければならない。16 彼らはイスラエルの子らのうちから正式にわた
しに与えられたものだからである。すべてのイスラエルの子らのうちで、最初に胎を開い
た、すべての長子の代わりに、わたしは彼らをわたしのものとして取ったのである。17 イ
スラエルの子らのうちでは、人でも家畜でも、すべての長子はわたしのものだからである。
エジプトの地で、わたしがすべての長子を打った日に、わたしは彼らを聖別してわたしの
ものとした。18 わたしは、イスラエルの子らのうちのすべての長子の代わりにレビ人を取っ
た。19 わたしは、イスラエルの子らのうちからレビ人をアロンとその子らに正式に付け、会
見の天幕でイスラエルの子らの奉仕をし、イスラエルの子らのために宥めを行うようにし
た。それは、イスラエルの子らが聖所に近づいて、彼らにわざわいが及ぶことのないよう
にするためである。」20 モーセとアロンとイスラエルの全会衆は、レビ人に対してそのよう

にした。主がレビ人についてモーセに命じられたことすべてにしたがって、イスラエルの子らは彼らに行った。[21]レビ人は身の汚れを除き、その衣服を洗った。そうしてアロンは彼らを奉献物として主の前に献げた。またアロンは彼らのために宥めを行い、彼らをきよめた。[22]この後、レビ人は会見の天幕に入って、アロンとその子らの前で自分たちの奉仕をした。人々は主がレビ人についてモーセに命じられたとおりに、レビ人に行った。

2月の第二主日の礼拝にようこそいらっしゃいました。先程、子どもたち向けのファミリーメッセージでヨナ書が語られました。昨日の「一年12回で聖書を読む会」でもヨナ書が開かれました。「あなたは私のいのちを滅びの穴から引き上げてくださいました」(ヨナ書2・6)とありました。本当に、ここに福音があります。神さまは私のいのちを穴から引き上げてくださった。その神さまをほめたたえたいと思います。

今日もまた民数記が開かれておりますけれども、出エジプト記とレビ記と民数記はちょっと関係が入り組んでいるようにお感じになるかもしれません。だいたいは物語が書いてあるんですけれども、かなり大きな塊で律法が割り込んでくるので、ちょっと前後関係なんかがよくわからない気がするかと思うんです。わかりやすいようにちょっと整理した表をここに載せます。

第1年 1月	エジプト脱出
3月	シナイに到着
3月～	十誡をはじめとする律法授与
第2年 1月	幕屋完成（ここまでが、出エジプト記）
第2年 1月	神の民の聖別の命令（レビ記）
第2年 2月	人口調査・シナイを出発（ここから、民数記）
第40年 5月	モアブ到着、モーセの死（ここまでが、民数記）

出エジプト記でエジプトを脱出ときからイスラエルの第1年、第2年という暦が始まっています。第1年の1月にエジプトを脱出し、シナイ山に着いたのが第1年の3月になります。そしてそこで十誡をはじめとする律法が与えられ、会見の幕屋の建設が始まります。幕屋が完成したのが第2年の1月になっていますから、ちょうどエジプトを出発してから丸一年で幕屋が完成した。と、ここまでが出エジプト記に書いてあることですね。

第2年の1月、幕屋が完成した時に、神の民に対して聖別の命令が神さまから下りました。これがレビ記に書いてあることです。

民数記に書いてあるのは、その次の月、第2年の二月の人口調査のできごとから。そしてシナイを出発して、カナンの地に向かって行くわけですが、到着はなんと第40年の5月なんです。39年かかっているわけです。そしてモアブというヨルダン川のこっち側に到着して、そこでモーセが死ぬ。ここまでが民数記に書いてあることです。ですから、出エジプト記は丸一年のこと、レビ記は一か月の短い期間のこと、民数記はその後の39年間のことが書いてある、というのがこの表に載っています。

今日はそういうわけで、シナイ山を出発する備えをするところ、旅の支度が行われている箇所なんです。私たちもまた、この世界で、この人生の中で荒野の旅を続けている。そういう一人ひとりですから、イスラエルの人たちがどのように旅に備えたかということを良く聞き取って、私たちの人生に備えてまいりたいと思います。

イスラエルの12部族の図が次頁に載っています。これを見ますと真ん中が会見の幕屋なんですね。東西南北にそれぞれ12の部族が配置されていて、その中心に会見の幕屋、つまり神の臨在の幕屋がある。だから神さまを中心にして、12部族がそれを取り囲んでいるような陣形をとっているわけですね。イスラエルはその様にして、神さまを中心に旅を続けていく。

旅の祝福というのは何によって決まるのでしょうか。天候によって決まるのだろうか、道が険しいのかあるいは穏やかなのかによって決まるのだろうか。それはそうなのかもしれないけれども、でも旅を祝福するかどうかを決定的に決めるのは、神さまが共にいてくださるかどうかです。もっと正確に言うと、神さまはいつも私たちと共にいてくださいますから、むしろ、共にいてくださる神さまを私たちが生活の中心に、自分の人生の中心に置くかどうかによって旅の祝福が決まる。クリスチャンもやっぱりほかの人と同じ

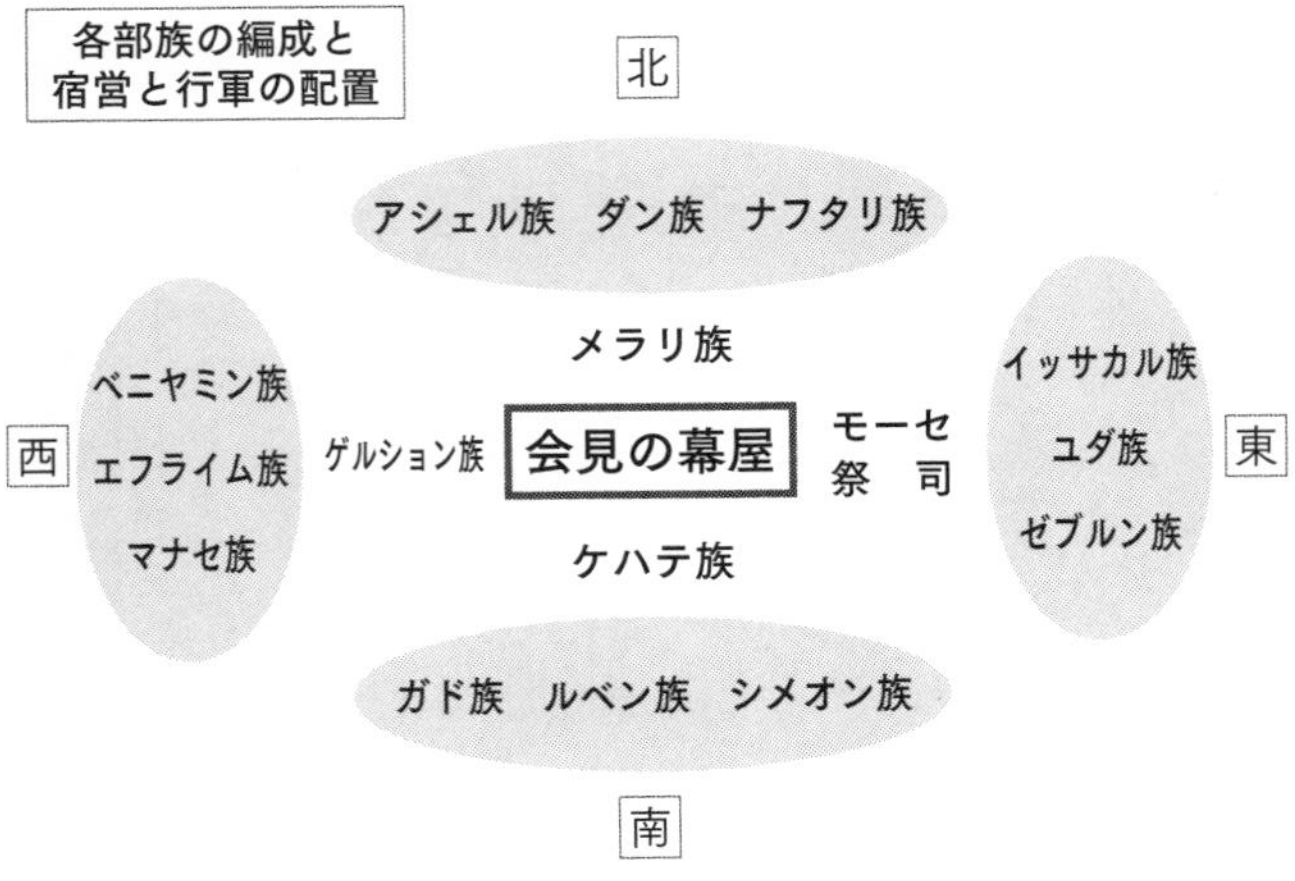

ように、険しい坂があったらその坂を上って行かなければならないし、天候が悪い時にはそこを通って行かなければならないわけです。でもその祝福は、神さまを中心に置くかどうかによって決まるのです。私たちクリスチャンにも毎日いろんなことが起こってくる。他の人々と同じことがいろいろ起こってくる。人間関係の問題なんてほんとにしょっちゅうある。病になったり、親しい者の死を経験したりもする。だからクリスチャンも悲しみを経験します。クリスチャンとそうじゃない人の違いは、悲しみに遭わないということではない。でもやっぱり違いがある。それは悲しみ方に違いがあるんです。

パウロはテサロニケ教会のクリスチャンたちに手紙を書きました。当時テサロニケ教会では、兄弟姉妹たちが何人かまとまって召されるということが起こったようなんです。テサロニケ教会の人々はそれをとても悲しんでいた。その人々にパウロはこう書いています。

「眠っている人たちについては、兄弟たち、あなたがたに知らずにいてほしくありません。あなたがたが、望みのない他の人々のように悲しまないためです。」

（第一テサロニケ４・13）

望みのない他の人々のように悲しまないためです。悲しむなと言ったんじゃないんです。もちろん、わたしたちも、仲間が、家族が召されるとき悲しむわけです。悲しんでいいんです。けれども、望みのない人々のように悲しむんじゃない、と言った。神さまが共におられることを知らない人々のように悲しまないように、とパウロは言いました。神さまを中心に旅をする人々は、悲しみがそれで終わりではないことを知っています。その悲しみは神さまに知られていて、神さまが慰めてくださる。それを大きな喜びに変えることさえしてくださる。神さまがいないかのように悲しむのではなく、神さまがおられる中で悲しむ、神さまの胸の中で悲しむ。そういう風に生きるんですよね。クリスチャンになったら悲しみも苦労もなくなるわけじゃない。神さまの胸の中で悲しみ、また苦労していく時に、私たちの中に成長があり、他の人々を思いやる心も養われていきます。

先週、新聞を見ていましたら「大事なことは慌てず、焦らず、諦めずが肝心だ」と書いてありました。いいことが書いてあるなと思った。みんなもこれを読んで「いいことが書いてある」と思うんだろうな、そしてきっと自分に「慌てず、焦らず、諦めずだ」と言い聞かせるんだろうなと思いました。だけど、自分で自分にいくら言い聞かせても、本当に大きな出来事が起こってくる時に、あるいは連続して次々と起こってくる時に、やっぱり慌てて、焦って、諦めてしまうってことが起こるわけですよね。クリスチャンもやっぱり慌てず、焦らず、諦めずって大事だと思います。単なる気休めや自己暗示じゃなくって、私たちは神さまの胸の中にいるから慌てない、神さまの胸の中にいるから焦らない、神さまの胸の中にいるから諦めない。根拠がある。むしろ慌てたり焦ったり諦めたりしている方がおかしい、それは神さまの胸の中にいるから。私たちは悲しみに会う時にも、神さまの胸の中で悲しむ。これは大きなことなんです。とっても大きな違いなんです。反対に何か大きな喜びがあった時に、私たちは神さまの胸の中で喜ぶんです。

もし、何か良いものが与えられた時に、神さまがいないかのように喜ぶということがあったらどうでしょうか。例えばお金が手に入った、そしたら神さまがいないかのように喜んで、それを自分の好き勝手に、自分の思い通りに使うかもしれない。そういうことをすると自分にも、まわりの人にも大きな災いとなってしまう。そういうことがよくあります。でも神さまを中心に旅をする私たちは、神さまがくださった良きものを、その胸の中で喜ぶんです。これをどのように使えば喜んでくださるのか、どのように使うことがみこころなんだろうかと。そうしたらその良きものはますます祝福されて何倍にも用いられていく。自分が楽しいだけじゃない、嬉しいだけじゃない、そのことを通して神の国が、この地上に前進していく。

神さまを私たちの中心に置くことは本当の祝福です。本当の喜びがそこにあるんです。

前に岡山の香登《かがと》教会におりました時、近くの長島という島にハンセン病の療養施設がありました。そこに長島あけぼの教会があります。ハンセン病はほとんど感染性がないですから、今はみんな家に帰っていいけれども、そこに残っている人たちがたくさんいます。もう家族のみんなが召されてしまって誰もいない、あるいは帰っても兄弟やなんかがもう後を継いでいるから自分には居場所がない、と大抵の人たちはそこに残ることになる。その人たちが導かれて礼拝を守っている教会です。そこの牧師は江見太郎先生という方で、お知り合いになって、江見先生も塩屋の神学校の出身で私の先輩なものですからいろんなときによく声をかけてくださった。実はこの江見先生は、和歌山県白浜バプテスト教会の「いのちの電話」で20年間、自死志願者の救助の働きをなさっていました。

現在その働きを継いでおられる藤藪庸一《ふじやぶよういち》先生はその教会で江見先生の姿を見ながら育った方で、自分もああいう牧師になりたいと思って献身したそうです。NHKのプロフェッショナルに出ていたと思います。また最近、本も出ました。この藤藪牧師は自死志願者を助けるんだけれども、助けるだけじゃなくて、自死を止めるだけじゃない。結局そういう人は居場所がない、行く場所がない、帰る場所がない、だから彼は自分の家に住まわせたり、あるいはちょっと落ち着いたらアパートに共同生活させたりするわけです。さらにNPO法人を作って「街中キッチン」というお弁当屋さんを始めた。白浜って観光地なので、繁忙期になると町の人たちはとても忙しくなる。自分たちの食べる分を作ったりする余裕がないので、お弁当屋さんが繁盛するんですね。利益から共同生活の費用をねん出するための事業ですが、それだけではなく元自死志願者の人たちが職業訓練を受ける機会でもあるんです。人とのやり取りとか、人と一緒に仕事をするということに困難を覚える人たちも多いですから、そういった人間関係についてもそこで覚えていく。単に自死を止めたらいいということではなく、そこで生きていくことができるようにという働きをしておられる。

ところがです、これがなかなか大変で、何かあるとすぐいなくなっちゃったりとかということも多いですし、なかなかうまく一緒に仕事ができなかったり。あるいはお弁当屋さんの経営にしても全然経験がないですから、疲れ切ってしまう。そういう時に、これは神さまのご計画ではなかったんじゃないのか、と批判されることもよくあったそうです。教会ぐるみでやっていますから、教会の中からも外からもそういう批判がある。神さまのご計画だったたら、こんなにたくさん問題が起こるはずないじゃないか、神さまのご計画だったら、すーっと静かな水面を滑るようにいくはずじゃないか。そう言われることがあるそうです。

しかし藤藪先生は言うんです。「新しく何かを始めたら問題は起こるものなんだ。課題は出てきて当然なんだ。神さまはそれらをも用いて、私たちを成長させるんだ。」つまり、神さまの胸の中で悩むんだ、神さまの胸の中で成長していくんだと。その時に大切なことは神さまを信じることだと。神さまを信じることによって、今の困難があっても、そもそもこの思いを与えてくださったのは神さまであると思い出すことができる。神さまを信じるならば、問題が山積みになっているときでも、問題の中にうずもれて沈んでしまわないで、上からの視点、全部じゃないと思いますけど、少し神さまの視点に立って、客観的に問題を見ることができる、切り分けることができる。今何が一番の問題で、他のことはそんなに問題じゃないということを知ることができる。

神さまを私たちの中心に置く旅というのは、そういう旅。神さまの胸の中で、ひょっとしたら、時には、クリスチャンになったことでより多くの苦労をすることになるかもしれない。藤藪牧師の場合はそうだろうと思うんです。神の国の前進、ほんとに大きく前進していく。本当の祝福っていうのは、苦労がないことだろうか。そうじゃないですよね。神さまと共にこの世界の祝福となっていく、これが本当の祝福だろうと思います。

さて、イスラエルの中心は会見の幕屋で、神さまを中心に人々は旅をしていくんですけれども、その陣営の中心、会見の幕屋で神さまに仕えていたのはレビ人という人たちですね。その数はちょうど二万二千人。このレビ人は全てのイスラエル人の代表なんです。本当であればイスラエルの初子、各家族の長男は神さまにささげられ、神さまに仕えるべきだったんです。でもその代わりに、神さまはレビ人をご自分に仕えさせることになさいました。

「モーセは**主**が彼に命じたとおりに、イスラエルの子らのうちのすべての長子を登録した。その登録による、名を数えられた、一か月以上のすべての男子の長子は、二万二千二百七十三人であった。」（3・42—43）

ほんとに細かいですね。でも一人残さず、ひとり一人名前を数えられた人たち二万二千二百七十三人。

「**主**はモーセに告げられた。『イスラエルの子らのすべての長子の代わりにレビ人を、また彼らの家畜の代わりにレビ人の家畜を取れ。レビ人はわたしのものでなければならない。わたしは**主**である。』」（同44—45節）

レビ人は二万二千人、イスラエルの初子は二万二千二百七十三人ですから、二百七十三人レビ人が足りないわけですよね。そのことについて同46―47節に書いてある。

「レビ人の数より多い、二百七十三人のイスラエルの子らの長子の贖いの代金として、一人当たり五シェケルを取りなさい。」

というわけで、ひとり残さず神さまにささげられていく。そして神さまに仕えていく。初子が神さまに仕えるということはその家全体が仕えるということです。イスラエル人の長子ひとり残らず、長子ひとりに対して神さまに仕えるレビ人がひとりずつ任命されました。足りない分はお金でもって補われた。このレビ人の任職の様子というのは、とっても壮大なものであったと思います。

「あなたはレビ人を会見の天幕の前に近づかせ、イスラエルの全会衆を集め、レビ人を**主**の前に進ませる。イスラエルの子らは手をレビ人の上に置く。アロンはレビ人を、イ

スラエルの子らからの奉献物として主の前に献げる。これは彼らが主の奉仕をするためである。」（8・9―11）

六十万三千五百五十人（民数記1・46、3・32）のイスラエル人が二万二千人のレビ人の上に手を置くという。これがどれほど壮大な光景であるかが思い浮かぶでしょうか。単純に計算すると、三十人のイスラエル人がひとりのレビ人に手を置くということになりますね。自分の代わりに、神さまに仕えるということをレビ人に委ねる。委ねられたレビ人たちの一番大切な勤めは、人々の罪のために犠牲をささげることですよね。そのようにしてイスラエルの罪のために神さまにとりなす、それがレビ人。イスラエルの人々は、自分のためのこの大切な勤めをレビ人に委ねたんです。だから彼らは、自分が罪ある者であるということを認めて、自分の目の前にいるレビ人の上に手を置いて「どうかあなたは私のために、神にとりなしてほしい、罪の赦しを神に祈ってほしい」と、そのように勤めを委ねた。罪の赦し。今この礼拝の中で、罪の赦しが起こっている。今、へりくだって神さまの前に出ている私たちの罪の赦しが、今、ここで、起こっているということを、私たちは忘れることがないようにと思っています。

先ほど申しましたとおり昨日の「一年12回で聖書を読む会」でヨナ書のことを学んだのですが、その中で最近連日ニュースで報道されている、あの虐待で亡くなった女の子のことが話題になりました。あのニュースは、あまりのことに、見たくない様な気持ちがします。お父さんが虐待した。お母さんが止めなかった。情報をお父さんに漏らしてしまった学校の人たちがいる。児童相談所もなんだか、帰したらいけないという危険度が上がっているのに帰してしまったという。いったいなぜと思うようなことばかりなんです。あれもこれも、どうしてこんなことが、と語り合う。「とんでもない特殊な人たちが、とんでもない特殊な事件を起こしてしまった」と、ついそういう語り口になるわけです。特にあのお母さん、虐待を止めなかったということで逮捕された。私たちは「自分だったら絶対止めるのにな」と思いますよね。でも、DV（家庭内暴力）の経験がある人びとによれば、実際にああいうことはあるんだそうです。身体が動かなくなる、自分でもおかしいと思うんだけれども、自分の子どもを助けることができなくなる、そして暴力が自分に向かってこないことにほっとしてしまう、そういうことが起こってしまう。そういう風に心が殺されていってしまうというのがDVの悲劇なんだろうと思うんです。

私たちの弱さがある、そこに付け込んで悪の力が私たちを支配している。そういうひどい支配を受けた人々の中に悲劇が起こった。罪と言えば罪。だけど、罪と言って責めるにはあまりにもそこに、弱さや、またやり場のないような悪の力が働いているなと思うわけですよね。これは極端な事件だと思いますが、私はこの事件について考えているときにふと「人間の浅ましさ、罪だからやめなさいと言われてもやめることのできない浅ましさ」という言葉が頭に浮かびました。人間って浅ましいな。そうすべきでないんだとわかっていたのかもしれないけれども、お父さんはいらだってたんだろうか、追い詰められてたんだろうか。お母さんはもうすでにコントロールされてしまっていた。学校の先生たちは恐れゆえに情報を渡してしまった。良いことをしようと一所懸命な児童相談所は、あまりの多忙のために、そこに手抜かりが生じてしまった。この浅ましさ。ペテロのことを思い出します。ペテロはイエスさまなんか知らないと言って裏切ってしまった。私がそのときのペテロだったらと考えても、自分もそうしたかもしれないと思う、しょうがないなと。でもそこにある浅ましさは消えることがないですよね。

私の中にも浅ましさがあることを思います。とっさにキリストを見捨てたペテロのように、愛するべき時に忙しさに心を奪われて、目の前にいるその人から目をそらしてしまう。私の記憶をたどってみれば、私自身もやっぱりそういうことをしてきたなあと思います。そうじゃない時はそうじゃないんだけれど、ほんとに追い詰められていたときには、いらだつ思いを言葉に出したこともある。あるいは言葉に出さなくても、いらだつことや恐れによって、なさねばならないことから退いてしまったということも、やっぱりある。私は、だから、自分は浅ましい人間だなと認めざるを得ない。それは罪と言えば罪だし、弱さだと言えば弱さだし、痛みがあるからと言えばたしかにそうなんだけれども、罪と弱さと痛みがもうこんがらがってしまっているような、そういう浅ましさが私の中にはある。本当にそれを認めざるを得ない。けれども神さまは、ヨナ書にあるように、そういう穴の中から私たちを救い出してくださった。私たちは、本当はどれほど深い穴の中から救い出されたかということを知らないと思います。私がどれほど浅ましいかを底の底まで見る勇気は、実は私にはありません。でも神さまはそれを全部知ったうえで、その上で穴から引き上げてくださった。犯した罪、犯さなかった罪も、心の中の思いも、私のこんがらがった浅ましさそのものを赦してくださって、キリストの上に置いてくださった。

「子よ、しっかりしなさい。あなたの罪は赦された。」（マタイ9・2）

そう、今この礼拝の中でも、神の子とされていながらもなお、浅ましい心の動きに悩む私たちに「子よ、しっかりしなさい。あなたの罪は赦された」と語ってくださっています。一箇所開きましょう。マタイの福音書、中風の人に語られた言葉ですね。

「イエスは船に乗って湖を渡り、自分の町に帰られた。すると見よ。人々が中風の人を床に寝かせたまま、みもとに運んで来た。イエスは彼らの信仰を見て、中風の人に『子よ、しっかりしなさい。あなたの罪は赦された』と言われた。」（マタイ9・1―2）

この後、律法学者たちが「罪を赦すことができるのは神だけではないか、この人は神を汚している」と心の中で思うわけです。けれどもイエス・キリストは神であった、そして罪を赦してからどうおっしゃったか。「起きて寝床を担ぎ、家に帰りなさい」とおっしゃった。この順序は大切なんじゃないかなと思います。イエスさまはまずこの中風の人、身体が麻痺した人を赦してくださり、そして立って歩けと言われた。そのように私たち、罪と弱さに麻痺して動きが取れないようになっている私たちをまず赦してくださって、それから歩けとおっしゃる。あなたを赦そう。赦すばかりではない、あなたの弱さを覆ってあげよう。あなたの痛みを癒してあげよう。あなたの孤独に寄り添ってあげよう。そしてあなたに仲間を与えて、共に歩くことができるようにしてあげようとおっしゃってくださっている。だからいま、この礼拝の中で、私たちが赦されているということをお互いに思い出させ合いたいと思うんです。神さまは私たちを赦すとおっしゃってくださっている。私たちの罪と弱さと浅ましさを本当にあわれに思って、赦してくださって、「子よ、あなたの罪は赦された」と宣言してくださっています。

私たちは罪のために動物をささげる必要はないですよね。それはキリストがご自分をささげてくださったから。大祭司であるキリストが、自分自身をささげものとして、十字架でささげてくださった。だからこの十字架のゆえに、いまこの礼拝の中で、私たちのどんな浅ましさに対しても、赦しが起こっている。いま赦されている。神さまの赦しは本当の赦し。その赦しの中で私たちは仲間と一緒に歩きだすことができます。

今日開かれた民数記のところでは、レビ人たちが選ばれる場面を見ました。でも私たちもまたレビ人であり祭司である、ということがペテロの手紙に書いてあります。

「しかし、あなたがたは選ばれた種族、王である祭司、聖なる国民、神のものとされた民です。それは、あなたがたを闇の中から、ご自分の驚くべき光の中に召してくださった方の栄誉を、あなたがたが告げ知らせるためです。」（Ｉペテロ２・９）

あなたがたは祭司なんだ、とペテロが言っています。あなたがたは深い穴の中から、驚くべき光の中へと入れられた祭司なんだ。そして、あなたがたは光の中で、神の御言葉と、私たちを満たす御霊と、そして仲間との交わりによって、日に日に罪から癒されつつある、そういうあなたがたなんだ。私たちを悩ませる浅ましさからも癒されつつある一人ひとりなんだ。そしてあなたがたには使命があるんだ、とペテロは言います。それは神さまの素晴らしいみわざを宣べ伝えることです。

白浜の藤藪先生のことをお語りしていますけれども、彼は十数年間で既に九百五名以上の方々を自死から救った。その中から洗礼を受ける人々が起こされているんですね。さらにその中で数名の方が藤藪牧師を見て「献身したい」「わたしも牧師、伝道者になりたい」と言って準備をしておられるんだそうです。それは藤藪先生が素晴らしい牧師だから、じゃない。ちょっと難しい言い方ですけれども、そうじゃない。藤藪先生というのはいつも悩んでいる人で、共同生活からいなくなってしまう人がいると「あれは私との関係につまずいてしまったからだ」と、いつも全部自分のせいだと思ってしまう、そういう人なんだそうです。いつも悩んでいる。けれども元自死志願者で献身したいという人々はそういう藤藪先生の姿を見て、自分もそのように悩むために、痛むために献身したいと願っている。そういう人が起こされている、悩むために。

聖書の学びと祈り会でも、先週、弱さの中に働かれる神さまの恵みということを語り合いました。わたしたちが「はい！　クリスチャンです！」と言って「クリスチャンは何をやってもうまくいきます」と大きな成果を上げてそれを誇る、そういう勝ち誇るような証で宣教が進んでいくのか。そうじゃないです。普通の人が歩いていくところを私たちクリスチャンは飛行機に乗って行くっていう、そういうことじゃないですよね。私たちが普通の人として同じように歩いて行きながら、同じような悩みの中で、でも丁寧に愛し続ける。報われないように見えても、置かれた場所で愛を注ぎ続ける。私たちがこの神さまの素晴らしいみわざを宣べ伝えるというのはそういうことです。単に言葉で「信じなかったら地獄へ行くぞ」と伝えることによってではない。悩みの中で、丁寧に、神さまの胸の中で悩みながら成長していく、愛が増し加わっていく、そういう姿を通して、神さまの素晴らしいみわざは宣べ伝えられています。

二万二千人のレビ人は六十万のイスラエルのわずか3パーセントです。けれども神さまの目には、この3パーセントのレビ人が歴史の中心なんです。このレビ人によって神さまへの礼拝がささげられ、神さまとの関係が保たれることを通して、イスラエルの歴史はつくられている。私たちも、クリスチャンって少ないな、とこの世界の端っこにいるように思ってしまうかもしれません。しかし、神さまがご覧になっているのはそういう姿じゃない。少数であっても、世界の歴史の真ん中に神を信じる者たちが生きている。世界の歴史の中心で、神さまと共に私たちが働いている。そのことを忘れることがないように、と思います。

祝福の旅に出よう

聖書　民数記9章15節～23節

15幕屋が設営された日、雲が、あかしの天幕である幕
屋をおおった。それは、夕方には幕屋の上にあって朝
まで火のようであった。16いつもこのようであって、
昼は雲がそれをおおい、夜は火のように見えた。17い
つでも雲が天幕から上るときには、その後でイスラエルの子らは旅立った。また、雲がと
どまるその場所で、イスラエルの子らは宿営した。18**主**の命によりイスラエルの子らは旅
立ち、**主**の命により宿営した。雲が幕屋の上にとどまっている間、彼らは宿営した。19雲
が長い間、幕屋の上にとどまるときには、イスラエルの子らは**主**への務めを守って、旅立
たなかった。20また、雲がわずかの間しか幕屋の上にとどまらないことがあっても、彼ら

は**主**の命により宿営し、**主**の命により旅立った。[21]雲が夕方から朝までとどまるようなときがあっても、朝になって雲が上れば、彼らは旅立った。昼でも夜でも、雲が上れば旅立った。[22]二日でも、一月でも、あるいは一年でも、雲が幕屋の上にとどまって、去らなければ、イスラエルの子らは宿営を続けて旅立たなかった。しかし、雲が上ったときは旅立った。[23]彼らは**主**の命により宿営し、**主**の命により旅立った。彼らはモーセを通して示された**主**の命により、**主**への務めを守った。

2月の第三主日の礼拝へようこそおいでくださいました。いつものように民数記から聞いて参りたいと思います。私は結構映画が好きな方です。そんなに多く観ているというわけでもないのですが、映画を観ていますと楽しいです。中でも「ロードムービー」という旅をしていく映画が好きです。旅をしていると思いもかけない色んなアクシデントが起こったり、あるいは色んな出会いがあったりして登場人物が成長してゆく、そういった映画を観ていると本当に楽しいです。今日の民数記の箇所もイスラエルは旅に出て行く。旅立つ。ここまで約一年近く、彼らはシナイ山にいました。そこから荒野へと出て行く。行く手にはいろんな困難や敵が待ち受けている。そんな中、彼らはどのように旅をしていたのか。その様子が、先ほど読んでいただ

いた民数記の9章には書いてあるんです。最初に15節と16節、

「幕屋が設営された日、雲が、あかしの天幕である幕屋をおおった。それは、夕方には幕屋の上にあって朝まで火のようであった。いつもこのようであって、昼は雲がそれをおおい、夜は火のように見えた。」

イスラエルの旅は会見の幕屋を中心にした旅。幕屋というのはテントですけれど、神さまに会うためのテント。それを中心にイスラエルは旅をしている。動く時もその幕屋が中心にあって、たたまれて、担がれてそれを取り囲むようなかたちで陣形を組んでそのまま旅をして行くわけです。真ん中には神さまがいらっしゃる。先週も申し上げましたけれども、このイスラエルの旅というのは、色んな苦労があった旅です。飛行機に乗ってスーッと何の苦労もなく移動できるように、神を中心にしていたら楽に旅が出来るというわけじゃない。やっぱり、他の人間と同じように二本の足で歩いて行く。川があったら濡れる。坂があったら息が切れる。そうやって歩いて行った。病気になる人もいたかもしれない。そしたら皆で担いで行ったんだろうと思います。途中で倒れて召される人がいたかもしれない、そしたら葬って……。そうして旅

をして行く。（幕屋の図：鎌野善三『3分間のグッドニュース［律法］』4頁、ヨベルより）
普通の旅と変わらないようだけれども、イスラエルの旅には他の人々との旅とは違うところがあった。それは、神さまが中心。真ん中に神さまをおいている。彼らの旅の目的地は神さまの目的地。彼らの苦しみは神さまに知られている、そして神さまの慰めと助けの中にある、そういう苦しみ。そういう中で彼らは旅をしながら、ロードムービーの主人公のように成長してゆく。成長ってなんだろうか。それはやっぱり神さまのお心、神さまの願い、神さまの感じ方、そういう

幕屋の図

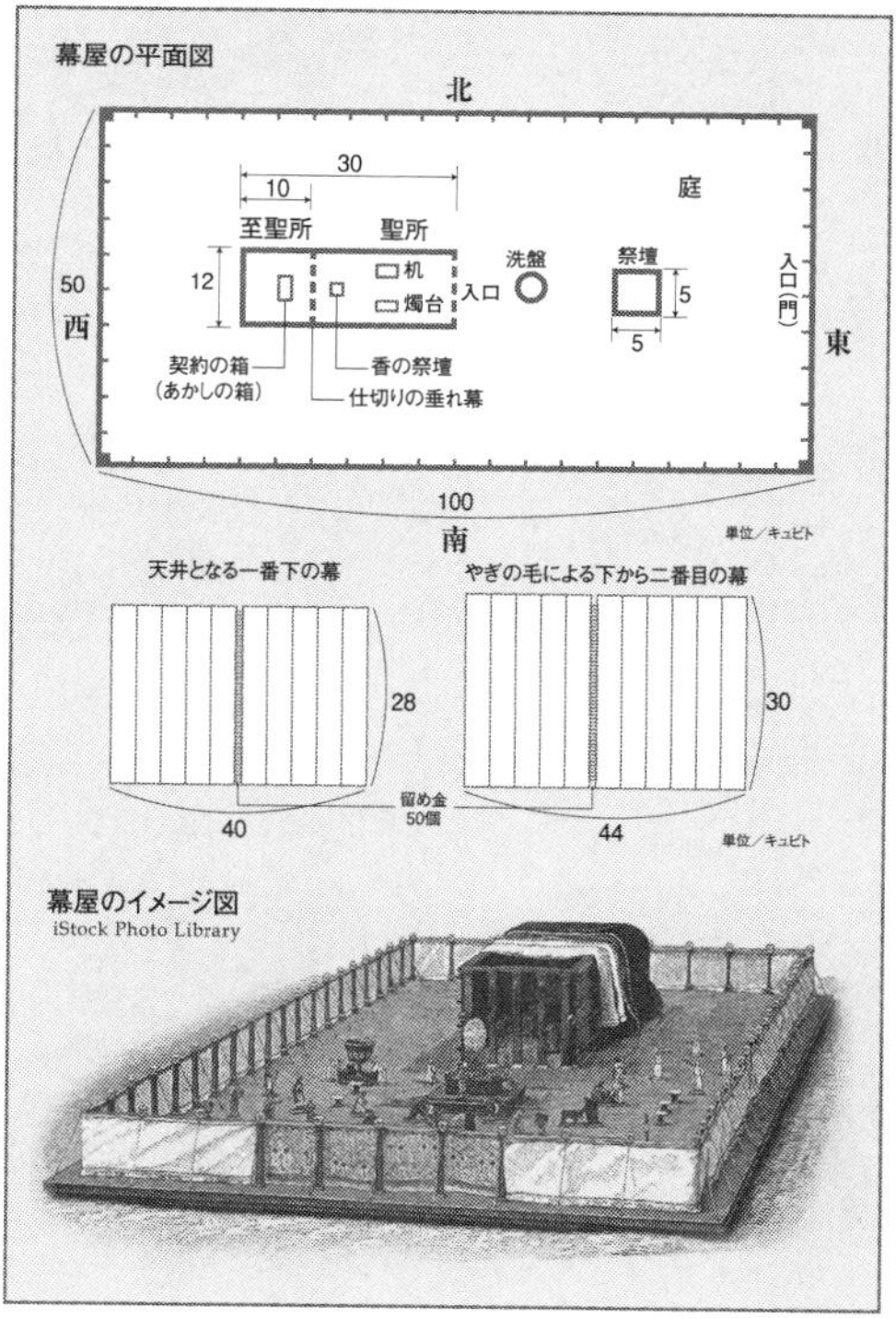

ことが段々わかるようになってゆくこと、それがいちばんの成長。私たちの旅もイスラエルの旅と同じように神さまを中心とする旅、神さまの胸の中にある旅と言って良いかもしれません。神さまの胸の中で喜ぶ、神さまの胸の中で悲しむ、神さまの胸の中で成長する。そういう旅を私たちは続けているんです。

しかしこのイスラエルの旅を見る時に、一つうらやましいと思うことがあるんです。それは、雲がいつもその天幕の上に見えていたこと。この週報を開いたところに絵（次頁）をのせておきました。これは想像して描いた絵ですけれども、この真ん中、下の方にあるのが天幕ですよね。後ろの方に広がっているのが十二部族の一つ、たくさんの人が見えています。これは夜の光景ですけれど、この真ん中の天幕の上に火のように見えている。いつも24時間、神さまがここにいるっていうのを見ていたわけです。夜は火のように、昼は雲のように。私たちは目でそういうものを見ることができないですから、なんかうらやましいような気がしませんか？　神さまがおられるっていうことをずっと見ることができたらいいのにな、と思うんです。

ここで思い出すのは、ヨハネの福音書20章。開きましょう。ここに描かれているのはイエスさまがご復活された後信じなかった、疑い深いトマスと言われる人。他の弟子たちがイエスさまに会ったのに、彼はその時たまたまいなかった。

「それで、ほかの弟子たちは彼に『私たちは主を見た』と言った。しかし、トマスは彼らに『私は、その手に釘の跡を見て、釘の跡に指を入れ、その脇腹に手を入れてみなければ、決して信じません』と言った。」（ヨハネ20・25）

見なかったら信じないと言ったわけですね。で、イエスさまはそういうトマスをほうっておかれなかったんです。

「八日後、弟子たちは再び家の中におり、トマスも彼らと一緒にいた。戸には鍵がかけられていたが、イエスがやって来て、彼らの真ん中に立ち、『平安があなた方にあるように』と言われた。」（同20・26節）

ですからイエスさまはトマスのために来てくださったのです。で、こう言います。

「それからトマスに言われた。『あなたの指をここに当てて、わたしの手を見なさい。手

を伸ばして、わたしの脇腹に入れなさい。信じない者ではなく、信じる者になりなさい。』」（ヨハネ20・27節）
トマスは見なければ信じないと言った。主イエスはそのトマスにご自分を見せてくださった。トマスは見たので信じ、そして、有名な歴史的告白をいたしました。

「トマスはイエスに答えた。『私の主、私の神よ。』」（同20・28）

イエスさまに向かって「私の神」と言った。これは本当に歴史に残る告白。ここでも私たちは思います。「トマスはうらやましいな。私たちもこういう風にイエスさまを見たら、トマスみたいに信じることが出来るのになぁ」とそう思うわけですよね。そこでイエスさまがおっしゃったのが20章29節。

「イエスは彼に言われた。『あなたはわたしを見たから信じたのですか。見ないで信じる人たちは幸いです。』」

見ずに信じる者は幸いですとおっしゃった。私たちは逆に考えます。見ることができた方が幸いなのにと。でもイエスさまはそうじゃない。見ないで信じることの方が幸いなんだ。なぜなら、聖霊が私たちにイエスさまを信じさせてくださる。見て信じる者は見えなくなったらそれっきりですけれど、聖霊はもっと良いことを私たちにしてくださる。目に見えるものを超えて、そこにイエスさまが見えているかどうか、会見の幕屋が見えているかどうか、そういうことを超えて、いつでもどこでも働いてくださっている、この私にいつも働いてくださっている、そういう神さまの大きな愛を教えてくださり、私たちを新しい命に満たし続けてくださっている。だから幸いなんです。目で見て神さまがいるかどうか、それが確認できているよりも、見ずしてさらなる幸いを信じる者として私たちに聖霊が与えられているのです。

さて、民数記に戻ります。このようにしてイスラエルは神さまを中心にこの旅を続けていきます。

「**主**の命によりイスラエルの子らは旅立ち、**主**の命により宿営した。雲が幕屋の上にとどまっている間、彼らは宿営した。雲が長い間、幕屋の上にとどまるときには、イスラエルの子らは**主**への務めを守って、旅立たなかった。」(9・18–19)

彼らはこの雲がとどまっている間はとどまった。雲が動く時には進んだ。旅立った。ここから信仰の大切な二つの側面を見てみたいと思うんです。まずはとどまる信仰ですね。イスラエルは神さまが進んでいかれない時には進まなかった。

「二日でも、一月《つき》でも、あるいは一年でも、雲が幕屋の上にとどまって、去らなければ、イスラエルの子らは宿営を続けて旅立たなかった。」(9・22)

二日でも、一か月でも、一年でも、というのは随分長いですよね。目的地を目指して旅をしているのに、一年間そこにとどまったままいるというのです。しかし彼らはとどまった。なぜなら、神さまが動かれないのに自分たちだけが動いていったらどうなるか。神さまから離れていくわけですね。神さまを中心とした旅にならない。神さまを置き去りにしてしまう。そういうことをしなかったということですね。私たちはしばしば、自分がいま置かれている状況に不満を持ったり、変化を求めたりすることがあります。例えばいま置かれている職場とか、人間関係とか、あるいは時には自分が所属する教会についても「もう、がまんできない」と見切りをつけて、新しい所に移ろうと思うことがあると思います。確かに、全てのことは変わっていく。私たちの生涯は旅ですから、いま置かれている人間関係も住まいも教会もやっぱり移り変わっていく。だけど大事なことは、私たちが自分の思いで、いま置かれている場所、いま置かれている生活をおざなりにするっていうんでしょうか、いいかげんに生きないこと。それは自分の使命をおろそかにすることでもありますし、神さまを軽んじることでもあります。神さまが私たちに望んでおられることは、いま私たちが置かれている場所で、きちんと生き、ていねいに愛すること。それがとどまるということ。そういう毎日にとどまる信仰。いま思うに任せないことがあったとしても、そこで神さまが何を教えようとされているのか、そこでどういう役割を果たそうとさせているんだろうか。それを思いめぐらし祈って過ごす、そういう毎日を通して私たちを神さまは成長させようとしておられる。

しかし一方で、イスラエルは神さまが進んでいかれるときには、ただちに出発した。

「また、雲がわずかの間しか幕屋の上にとどまらないことがあっても、彼らは**主**の命《めい》により宿営し、**主**の命《めい》により旅立った。」(9・20)

さっき「二日であっても」とありましたから、二日で出発することがあったかもしれない。二日目に出発するというのはとても忙しいと思います。荷ほどきしたらまた荷作り。それでも彼らは出発した。彼らが宿営した場所の中には、砂漠には稀な良い泉があったり、あるいは家畜にふさわしい草の生えた良い場所もあったことでしょう。そういうときには「ずっとここにいたい」と思ったかもしれない。あるいはせめてもうしばらくはいたいのに、と思うこともあったにちがいありません。けれども、イスラエルはそこがどんなに名残惜しい場所だったとしても、神さまが出発する時には従った。一緒に出発した。出発したくないという思いを断ち切って、目的の地を目指して旅立ったんです。私たちは置かれた場所できちんと責任を果たしていくのだけれども、でもそれを「何が何でも手放さない」と言って握りしめてはならないと思います。きちんとそこで生きるんだけれども、でも今いる職場や地域、人間関係、住まいや教会も、やっぱり軽く握って、軽やかに生きていく。ていねいに軽やかに。そういう自由を神さまは私たちに与えてくださっている。

どうしたらていねいに軽やかに、そういうふうに生きることができるのだろうか。それは、自分が願うことよりも神さまがしてくださることの方が良いことなんだ、神さまがしてくださることが一番良いことだ、と知っているからです。どれぐらい良いことかというと、私が想像する一番良いことよりもっと良いこと。だから神さまがどんな素晴らしいことをしてくださろうとしているのか私たちにはわからない。信頼するのはプランじゃなくて神さまなんです。「神さまはこんなことしてくださるだろうから」と信頼するんじゃなくて、先が見えなくたって何が起こるかわからなくたって私たちは神さまを愛し信頼して、神さまに従ってとどまり、あるいは神さまに従って身軽に旅立つことができる、ということを覚えていただきたいのです。

今日はここから少し、いつもは申し上げないような踏み込んだことをお話ししたいと思います。とどまる時と進む時がある。じゃぁ、どのようにして私たちはとどまる時と進む時を見分けるのか。このことで悩んでおられる人はとても多いと思います。「祈って神さまから示されました、御言葉が与えられました」と、そういう証しを聞くことは多いですね。確かに、神さまがそういうはっきりしたサインを出してくださったならいいのになぁ、とそう思います。そしたら迷わなくていいわけです。神さまが言ってるんだから、そこへ向かって突進していけばいいわけです。けれども実際はそういうことは案外少ない。私自身、神さまからはっきりと御言葉によって行くべき道を示されたというのは、まぁ一度だけ。生涯の中で今まで一度。それは牧師になる時ですけれども、御言葉が与えられたことはある。でも神さまがこうしなさい、ああしなさい、とはっきりと御言葉で誰にでもわかる形で示してくださるということは、私の場合その一回以外はほとんどありませんでした。

実は私はこの問題で長い間悩んできたんです。祈りが足りないから御言葉が示されないんじゃないのだろうかと悩んだ。そういうままで時がどんどん迫ってきますと、判断しなければいけない時がくる。判断した後「これで良かったのかなぁ」と悩む。選んだ道の中で上手くいかないことが起こってくると「あの判断は間違っていたんじゃないか」と悩み続ける。ところがある時、私の最も尊敬する牧師のひとりがびっくりするようなことを言ったんですね。「普通、牧師になる時『召命の御言葉は何でしたか』と聞かれるでしょう？　しかし自分には召命の御言葉はないんですよ。一番それが良いと思ったから牧師になったのですよ」って。これは中々勇気がいることです。でもその先生と付き合っていると、この方、本当に神さまが召してくださった牧師で素晴らしい働きをしておられる。とても謙遜な方。この先生の選択はやっぱり間違っていなかったんだなって、そう思うわけです。

神さまは、私たちが自分で考えて、自分で判断して決心することを望まれる。その過程で成長させてゆく。「右に行け」とか「左に行け」とかパーンと言われれば、簡単で迷いはないんだけれども、そうではない。神さまは何を望んでおられるのか、どのようにことを進めてゆけばいいだろうかと思い巡らす日々を通して神さまのお心を知ることで私たちは成長していく。

誰かが「御言葉がきてこういう判断を示されました」と言ったら「それは本当に素晴らしいですね」と言って喜んだらいいと思うんです。でも、そうでなかったら、御言葉がこなかったらダメなのではない。民数記を読むとき、「神さまがはっきり示されるまで動くな」と、そんなふうに決めつけちゃいけない。「雲が動いたりとどまったり、そういうはっきりとしたしるしを見て判断しなさい」ということではない。民数記が教えるのはあくまで「神さまを中心として生きる」っていうこと。神さまは私たちが何にも考えずに、何も学ばないでただ従うということだけを望んでおられるのではない。ですから民数記9章から学ぶべきことは「しるしを求めよ」ということではない。そうではない、いくつかのことがあります。四つばかりお話しします。

一つは何か判断しなければならない時、「私はここから逃げ出そうとしているのではないだろうか」ということを祈りの内に思い巡らしたらいいと思います。そしてもしそのような気持ちがあるとするならば、きちんと目の前にいる人、また目の前の問題に向き合うことが出来るように神さまに祈ったらいいと思うんです。

二つ目は逆に「私はここに執着していないだろうか」と祈り、思い巡らすこと。「ここ」というのは場所とは限らない。この立場、この生き方、こういう考え方、それに執着していないだろうか。もしそういうところがあるなと思ったら、じゃあ軽く握ることができるように、そしていつでも手放せるように、そういう風に神さまに祈ったらいいと思うんです。決断する時、私たちはよく祈らなければならないと思います。しかし祈るポイントは、右か左かということではない。途中経過をすっ飛ばして結論だけを求めるんじゃなくて、過程が大事。自分が神さまのみ思いを生きようとしているのかどうか、心柔らかく生きようとしているかどうか、そこを祈るべきだと思います。そして、大きな決断をする時には色々調べたり、色々考えたり、色々相談したりしてきちんと悩む。「クリスチャンだから神さまがポーンと示してくださって、悩まないでポンと行く」なんて、そういうことではありません。

以前に教区で青年たちに仕事選びについてお話ししたことがありました。いろいろ調べて、どこに仕事があるのか、その仕事がどんな仕事か、どういう問題があるのか、きちんと調べて、きちんと悩むように申し上げました。自分に何が出来るのだろうか、そこで何をやりたいのか、そういうことにも思いを巡らせて、今まで自分がしてきた準備もちゃんと考えて、どのように神さまにお仕えしていくかを祈る、ということを申し上げた。そういったことをきちんと調べたり悩んだりしないでポンと神さまからの答えだけを求めるのは無責任なことでもあると思います。ほかの人たちが当然していることをポンと飛ばしていたら、自分には備えができていないかということですからね。ここまで二つのことを申し上げました。逃げ出そうとしていないか、あるいは握りしめていないか。

三つ目のことは「神さまはみ心を一度に示さないで、だんだん示してくださることがよくある」ということ。聖書の登場人物たちもそのように導かれることが多いのです。私たちは一度に言われてもわからない。全部を理解することができない。あまりに素晴らしすぎることは一度にはわからない。だから神さまは一歩ずつ導いてくださる。一歩ずつ成長させてくださって、次に成長したら次の素晴らしさがわかる。そこまでいったらまた次の視界が開けてわかってくる。そのように私たちを成長させてわからせてくださるのが神さま。だから神さまのご計画の全部がわからなくてもいいのです。神さまにゆだねる。そのプランの素晴らしさにゆだねるというのでなくて、最後にどこに行くのかわからなくても、神さまと共にいることが最善なのだということを覚えて、神さまを信頼する。ゆだねてゆく。そのように一歩ずつ導いてくださる神さまに従う。

四つ目に「一瞬の決断に人生の全てがかかっているのではない」ということです。たとえばどこかへ行こうと思う時に、私は道をよく間違える。曲がるべきところを曲がらないで行き過ぎてしまうことがあります。でも私はそういう時に「もうおしまいだ、もう目的地に着くことはできない」と頭を掻きむしったりはしないのです。曲がり損ねたら、次のところを曲がれば良いのです。あるいは引き返してもいいわけでしょう。人生はたったひとつの一瞬の決断にかかっているわけではないのです。神さまは、実は、「曲がり損ねた」ということを通して、元の計画よりもっと素晴らしいことをなさるということがよくあります。神さまの全能はそういう全能なのです。たとえば電車の時刻表のように全部きちんと運行していないと、何か一つでもアクシデントがあると全部がぐちゃぐちゃになってしまう、そんなお方ではない。何か間違ってもそのことを使って、もっと素晴らしいことをすることができる。たとえば教会の大聖堂を建築していく、彫刻とかをやっていく。その時、誰かが手を滑らせて、壁に深い傷をつけてしまったとします。人間の考えでは台なしになった。でも神さまはその深い傷を用いて、じゃあこの傷を用いて新しい設計を生み出してくださり、出来上がったものは元の計画よりももっと深みのある、もっと素晴らしいものにしてくださる。これは建物のことを言っているのではなく私たちの人生とたましいのことを言っているのですけれども、私たちの人生でもこういう出来事があった、こういう失敗があった、こういう罪を犯してしまった、もう取返しがつかないと思うことがあるかもしれない。でも、私たちにはわからないのだけれども、神さまはそこからも素晴らしいものを生み出すことが出来る。私たちの罪からでも、罪でさえも、失敗からでも、素晴らしいものを生み出してくださる。

神さまは素晴らしい建築士です。私たちはいつも工事中です。この世界もいつも工事中なのです。工事中にいろんなアクシデントや失敗や事故が起こる。でも心配しなくていい。神さまはそのことをも用いてもっと素晴らしいことを、そうでなければわからなかったことを、そうでなければ愛せなかった愛を、私たちに作りだしてくださる。だから私たちは「この選択で私はおしまいだ」と自分の選択にすべてをかけないで、神さまにすべてをかけたらいいんです。

神さまの胸の中で悩みながら、神さまの胸の中で決断して、神さまの胸の中で失敗したらそれでいい。思い煩うことはない。全てのことを善くしてくださる、全てのことを共に働かせて、善きことを生み出してくださるお方を信頼する。私たちが大切にするべきことは正しい決断をすることではない。もともと私たちは人間に過ぎない、100％正しい決断をすることはできないのです。私たちが知っていることは限られているし、いろいろ思い巡らせるとはいっても、やっぱり思い巡らせる範囲も限られています。正しい決断よりも大事なことがある。それは正しい神さまとの関係。神さまのみ思いを知って成長し続けてゆくということですね。

何度かお話ししたことがありますが、「み心」という言葉と「み思い」という言葉はちょっと違う。「み心」とクリスチャンが言う時は「これがみ心、右にゆくのが神のみ心だ」と、そういう言い方で使いますよね。み心というのは、進むかとどまるかの選択肢を指す。どの選択肢かを言うことが多い。でも「み思い」というのはちょっと違うのです。み思いというのはそこで一番大切にするべき神さまの思い。哀れみ、神さまの愛、神さまが何をそこでしようかとしておられるのか、神さまが私にどのようにあって欲しいと思っておられるのか、それが、み思い。私たちはよく「み心を教えてください、進むのですか、とどまるのですか、右ですか、左ですか」と必死になって聴く。でも、ほんとうに聞くべきなのは、神さまのみ思い。「お心」と言っても良いと思いますが、神さまの愛の思いに私たちが触れる。触れていいただく。そして神さまのみ思いに少しづつ私たちが近くなってゆく。そういう神さまとの正しい関係を大切にしたいのです。

ここで模範となるのは、イエスさま。天にとどまらず、地上へすすんできてくださった。そして、十字架から降りないでその上にとどまり続けてくださった。イエスさまはなぜそんなふうにすすみ、なぜそんなふうにとどまることがおできになったのか。ここでもう一箇所だけ聖書をお開きいただきましょう。新約聖書ヨハネの福音書5章17第二19節から。

「イエスは彼らに答えられた。『わたしの父は今に至るまで働いておられます。それでわたしも働いているのです。』そのためユダヤ人たちは、ますますイエスを殺そうとするようになった。イエスが安息日を破っていただけでなく、神をご自分の父と呼び、ご自分を神と等しくされたからである。イエスは彼らに答えて言われた。『まことに、まことに、あなたがたに言います。子は、父がしておられることを見て行う以外には、自分から何も行うことはできません。すべて父がなさることを、子も同様に行うのです。』」

神さまは働いておられる。今も私たちの置かれている状況の中で働いておられる。「神も仏もない」という言葉がありますけれども、それは嘘。どんな状況の時でも、神さまはそこで働いておられる。イエスさまはその働いておられる父と共に、思いを合わせてそこで働かれた。父から離れることなく、共に働かれた。私たちもまた神さまから離れないで神さまと共に働く。父なる神、そして御子なるイエスさまはそこから離れない。今も父と御子と御霊は、今、ここで、私たちが遣わされているそれぞれの場所で働いておられるのです。私たちが置かれている場所にはすでに、父と子と聖霊のお働きがある。だからそこで神さまが今なさっていることを丁寧に見ること。それをしないで、例えば転職するかしないか、という答えだけを求めると私たちの成長にならないのです。今もうそこに既になされていることをしっかりと見るのです。答えではなく、神さまのみ思いに思いを巡らす。神さまがしておられることをよく見て、そのことを通して、また御言葉を通して、神さまがどのようなお方かをさらに知る。そうすることで、私たちはみ思いがだんだんわかるようになっていきます。時間がかかります。じっくりと成長していきます。神さまの答えではなく神さまご自身を求めるところに本当の成長があります。そうするときに神さまは私たちを深い所で成長させてくださいます。

旧約聖書の箴言にこういう御言葉があります。

「あなたの行く道すべてにおいて、主を知れ。
主があなたの進む道をまっすぐにされる。」（3・6）

主を認めること。神さまの働きを見ること、神さまのみ思いを見ること。そうするならば、私たちの選択がどのような選択であっても、それはまっすぐな神さまのみ思いの道になってゆく。御子を十字架に与えてくださった父と、そのみ思いを見て、従って、死んで、復活してくださった御子を私たちも見ます。すると、み思いを知る者として成長してゆく。神の子とされた私たちが成長してゆく。祝福の旅とはそういう旅ですね。私たちが神さまのみ思いをさらに深く知り、それを思いつつ生きる旅。そのように成長してゆく私たちを通して、この世界も祝福される。そういう旅を今週もこの礼拝から始めてまいりましょう。

あなたにほんとうの祝福を

聖書　民数記11章1～34節

1 さて、民は**主**に対して、繰り返し激しく不平を言った。
主はこれを聞いて怒りを燃やし、**主**の火が彼らに向かって
燃え上がり、宿営の端をなめ尽くした。2 すると民はモー
セに向かってわめき叫んだ。それで、モーセが**主**に祈ると、
その火は消えた。3 その場所の名はタブエラと呼ばれた。**主**の火が、彼らに向かって燃え
上がったからである。
4 彼らのうちに混じって来ていた者たちは激しい欲望にかられ、イスラエルの子らは再び
大声で泣いて、言った。「ああ、肉が食べたい。5 エジプトで、ただで魚を食べていたこと
を思い出す。きゅうりも、すいか、にら、玉ねぎ、にんにくも。6 だが今や、私たちの喉

はからからだ。全く何もなく、ただ、このマナを見るだけだ。」
7 マナはコエンドロの種のようで、一見、ベドラハのようであった。8 民は歩き回ってそ
れを集め、ひき臼でひくか臼でつき、これを鍋で煮てパン菓子を作った。その味は、油で
揚げた菓子のような味であった。9 夜、宿営に露が降りるとき、マナもそれと一緒に降り
て来た。
10 モーセは、民がその家族ごとに、それぞれ自分の天幕の入り口で泣くのを聞いた。**主**の
怒りは激しく燃え上がった。このことは、モーセにとって辛いことであった。11 それで、
モーセは**主**に言った。「なぜ、あなたはしもべを苦しめられるのですか。なぜ、私はあなた
のご好意を受けられないのですか。なぜ、この民全体の重荷を私に負わされるのですか。12
私がこのすべての民をはらんだのでしょうか。私が彼らを産んだのでしょうか。それなの
になぜ、あなたは私に、『乳母が乳飲み子を抱きかかえるように、彼らをあなたの胸に抱き、
わたしが彼らの父祖たちに誓った地に連れて行け』と言われるのですか。13 どこから私は
肉を得て、この民全体に与えられるでしょうか。彼らは私に泣き叫び、『肉を与えて食べさ
せてくれ』と言うのです。14 私一人で、この民全体を負うことはできません。私には重す
ぎます。15 私をこのように扱われるのなら、お願いです、どうか私を殺してください。こ

れ以上、私を悲惨な目にあわせないでください。」
[16] **主**はモーセに言われた。「イスラエルの長老たちのうちから、民の長老で、あなたが民
のつかさと認める者七十人をわたしのために集めよ。そして、彼らを会見の天幕に連れて
来て、そこであなたのそばに立たせよ。[17] わたしは降りて行って、そこであなたと語り、あ
なたの上にある霊から一部を取って彼らの上に置く。それで彼らも民の重荷をあなたとと
もに負い、あなたがたった一人で負うことはなくなる。[18] あなたは民に言わなければなら
ない。明日に備えて身を聖別しなさい。あなたがたは肉を食べられる。あなたがたが泣い
て、**主**に対して『ああ、肉が食べたい。エジプトは良かった』と言ったからだ。**主**が肉を
下さる。あなたがたは肉を食べられるのだ。[19] あなたがたが食べるのは、ほんの一日や二
日や五日や十日や二十日ではなく、[20] 一か月もであって、ついには、あなたがたの鼻から
出て来て、吐き気をもよおすほどになる。それは、あなたがたのうちにおられる**主**をない
がしろにして、その御前で泣き、『いったい、なぜ、われわれはエジプトから出て来たの
か』と言ったからだ。」[21] しかしモーセは言った。「私と一緒にいる民は、徒歩の男子だけ
で六十万人です。しかもあなたは、彼らに肉を与え、一か月の間食べさせる、と言われま
す。[22] 彼らのために羊の群れ、牛の群れが屠られても、それは彼らに十分でしょうか。彼

らのために海の魚が全部集められても、彼らに十分でしょうか。」
[23]**主**はモーセに答えられた。「この**主**の手が短いというのか。わたしのことばが実現する
かどうかは、今に分かる。」[24]モーセは出て行って、**主**のことばを民に語った。そして民の
長老たちのうちから七十人を集め、彼らを天幕の周りに立たせた。[25]すると**主**は雲の中に
あって降りて来て、モーセと語り、彼の上にある霊から一部を取って、その七十人の長老
に与えられた。その霊が彼らの上にとどまると、彼らは預言した。しかし、重ねてそれを
することはなかった。
[26]そのとき、二人の者が宿営に残っていた。一人の名はエルダデ、もう一人の名はメダデ
であった。彼らの上にも霊がとどまった。彼らは長老として登録された者たちだったが、天
幕へは出て行かなかったのである。彼らは宿営の中で預言した。[27]それで、一人の若者が
走って来て、モーセに告げた。「エルダデとメダデが宿営の中で預言しています。」[28]若い
ときからモーセの従者であったヌンの子ヨシュアは答えて言った。「わが主、モーセよ。彼
らをやめさせてください。」[29]モーセは彼に言った。「あなたは私のためを思って、ねたみ
を起こしているのか。**主**の民がみな、預言者となり、**主**が彼らの上にご自分の霊を与えら
れるとよいのに。」[30]それから、モーセとイスラエルの長老たちは、宿営に戻った。

31 さて、主のもとから風が吹き、海からうずらを運んで来て、宿営の近くに落とした。それは宿営の周り、どちらの側にも約一日の道のりの範囲で、地面から約二キュビトの高さになった。32 民は、その日は終日終夜、次の日も終日出て行ってうずらを集めた。集めたのが最も少なかった者でも、十ホメルほど集めた。彼らはそれらを自分たちのために、宿営の周囲に広げておいた。33 肉が彼らの歯の間にあって、まだかみ終わらないうちに、主の怒りが民に向かって燃え上がり、主は非常に激しい疫病で民を打たれた。34 その場所の名はキブロテ・ハ・タアワと呼ばれた。欲望にかられた民が、そこに埋められたからである。

2月第4の主日にようこそいらっしゃいました。大変長いところを読んでいただきましたけれど、青年なら大丈夫かなと思ってお願いしました。シナイ山から約束の地へ、神さまに導かれてイスラエルが出発いたしました。荒野を旅していく彼らは神さまが進む時には進み、神さまがとどまる時には一年でもとどまった。そういうふうに進んでいくのだけれども、すぐにこの11章でつぶやきが起こる。激しくつぶやく。

民数記11章1節には「さて、民は主に対して、繰り返し激しく不平を言った」とあります。もちろん神さまにはどんな小さなつぶやきでも聞こえているのだけれども、「耳に達するほどに」と強調されているわけですね。激しくつぶやいたんです。ここで何についてつぶやいたかは言われていない。言われていないのだけれども、彼らの中に、本当に我慢のできないような不満が持ち上がってまいりました。そのことを神さまは憤られた。何で不満を言ったら神さまがお怒りになるんだろうか。レビ記26章を開いてみましょう。ここを見ると、出エジプトがどういう出来事であったのかが分かると思います。

「わたしはあなたがたの神、**主**である。わたしはあなたがたを奴隷の身分から救い出すために、エジプトの地から導き出した。わたしは、あなたがたのくびきの横木を砕き、あなたがたが自立して歩めるようにした。」(13節)

奴隷のくびきの重荷で背骨がきしんで曲がるぐらいになっていた。曲がってしまってもうまっすぐにならないぐらいにかがんでいた。地面ばかり見て歩いていた。そういうイスラエルのくびきを、神さまは砕いたんです。単に取り上げたんじゃなくて、これを砕いて、打ち砕いて、まっすぐに立たせてくださった。歩くことができるようにしてくださった。だから今、旅をしているんです。

旅にはいろんな苦労が伴います。だから、彼らはつぶやいたけれども、この旅の苦しみは奴隷であることの苦しみとは全く違うことを彼らは忘れているわけです。奴隷の苦しみは希望が見えない、意味がない苦しみです。その苦しみによって何かが生み出されるわけではない。のしかかる絶望の重みに身をかがめ背骨が歪んでしまうような、苦しみであった。しかし、この旅はそもそも希望の旅。今味わっている旅の苦しみは約束の地、乳と蜜の流れる地と言われたカナンという希望に向かう苦しみです。希望の旅です。だけどイスラエルはつぶやいた。激しくつぶやいて神さまのお心を痛めました。民数記11章1〜3節では宿営が燃え上がるってことがあったけれども、モーセのとりなしによって警告で終わったわけです。

ところが、その後すぐにまたつぶやきが起こる。今度は、はっきりとこのつぶやきがどこから起こったかが記してあります。それは民数記11章4節、「彼らのうちに混じって来ていた者たち」なのです。聖書 新共同訳には「民に加わっていた雑多な他国人」と書いてあります。つまり、エジプトから出てきた60万人、成人男性だけで60万人という大集団の中にいたのは、実はイスラエルの人たちだけではなかった。アブラハムの子孫たちだけではなかったんですね。そこには多くの他国人が含まれていた。もちろん、その他国人の中にもエジプトから救い出されたことを喜んで、心から「自分たちも神の民になりたい」と願った者たちもいたと思います。喜んで割礼を受けた人たちもいたと思います。けれども、そうでない人たちも中に混じっていたわけですね。そうでない人たち、神さまを喜んでいるわけではない人たちが、イスラエルと一緒にエジプトを脱出して、そこに留まっていた。なんで留まっていいたんだろうか。ひょっとしたら「ここにいたら少なくともこの『マナ』という食べるものにありつけるから困らない」ということで留まっていたのかもしれません。でも彼らは、神さまと共に生きる、神さまの胸の中で生きるという喜びを知らない人々だったということになります。神さまご自身を喜ぶのではなく、神さまのくださる物ごとを喜びとする人々であった。神さまご自身と一緒にいるということが目的じゃなくて、神さまが与えてくださるものを目当てに、目的にしている人々であった。そういう人々が叫び出したんです。4節「彼らのうちに混じって来ていた者たちは激しい欲望にかられ」、叫ぶ。「肉が食べたい。魚が食べたい。すいかが食べたい。玉ねぎが食べたい。」スイカってエジプトにあったんだなと、こういう箇所を見ると思います。にら、玉ねぎ、にんにく。確かにおいしそうです。しかし、彼らにはマナがあった。そして、このマナも結構おいしいんですよ。

「民は歩き回ってそれを集め、ひき臼でひくか臼でつき、これを鍋で煮てパン菓子を作っ

た。その味は、油で揚げた菓子のような味であった。」（民数記11・8）

味もさることながら、このマナには彼らが荒野を旅していくのに必要十分な栄養があったに違いない。神さまは「栄養があるんだからどんなものでも食べろ」というのではなくって「油で揚げた菓子のような味」のする美味しいものを食べさせてくださった。神さまは美味しいものを食べさせようと心を用いてくださるお方です。しかも安息日の前の日には二日分のマナが与えられた、とあります。そのように愛して、心を配って、本当に大切にしてくださる神さまに人々は「そんなことはどうでもいい。すいかが食べたい。肉が食いたい」と言った。本当にエジプトでごちそうがタダで食べ放題だったかは疑問だと思います、彼らは奴隷だったわけなので。でもそういう風に過去を美化する、「昔は良かった」って。そして「今はダメなんだ」って神さまの恵みを貶める、そういうことが起こっているわけですね。「この神さまはつまらない神さまなんだ」「こんなことしかしてくれない」と言って神さまを貶めているわけです。

しかし何よりの問題はこの4節の中ほどで「激しい欲望にかられ」、イスラエル人もまた大声で泣いた。イスラエル人も同じことを言ったんです。そこに引き込まれていくんです。

神さまの胸に抱かれて旅する神の民イスラエル。世界の祝福の基であるイスラエルが、神さまを知らない民に引きずり込まれていった。そして、エジプトを思い出して「エジプトにいた方が良かった。奴隷のままでいたかった」と言って泣いたわけです。大声で泣いた。なんてことだろうと思いますね。キリスト教会は２０００年間の歴史を通して民数記のこの箇所を「クリスチャンに対する戒めだ」と語り続け、「イスラエルの人々が泣いたって言うのは私たちに関係ない話じゃないよ、むしろ私たちに対しての問いかけだよ」と語ってきました。キリストによって贖い出され、神さまの胸に抱かれて旅する私たちが、時にクリスチャンであることをつまらなく感じてしまうことがないか？　クリスチャンであることが不自由に感じてしまうことがないか？　教会のメンバーとして生きることが煩わしく感じられることがないか？　こんなことなら信仰なんか持たない方が楽だったと思う時がないか？　私の人生はこんなものなのでしょうか？　こんなもの食べて生きるのですか？　明日も明後日も同じものばっかり食べて生きるのですか？　何も代わり映えがしないではないですか？　そう思うことはないでしょうか。

イスラエルは泣いた。私たちも「私はずっとこの環境の中で、この家族の中で、この職場の中で、この教会の中で、何も変わりばえがしないかのように思えるこの中で生きていかなければならないのですか」とつぶやくことがあると思います。「もう飽きた、もう疲れた」と思うことだってあると思うんですね。教会に行くと牧師は毎週毎週「置かれた場所でていねいに忍耐強く愛しなさい」と言う。我慢しなければならない、でもクリスチャンでなかったらそんな我慢はいらないのではないか。クリスチャンでない周りの人たちは我慢してないのに、どうして私ばかり我慢しなければならないのか。周りの人たちを、私がいつも覆わなければならない。そういう風に思うかもしれない。クリスチャンじゃないほうが楽なことは多くあると思う。

しかし、今は旅の途中であるということを、やっぱり私たちは知っておく必要があると思います。「工事中」と言ってもいいかもしれない。イエスさまを信じる者たちの集まり、交わりである教会も成長という意味で「工事中」です。いつも工事中なんです。牧師も工事中。あなたの仲間も工事中。あなた自身が、一人ひとりが工事中。工事中の私たちです。旅の途中にある私たちです。成長の途中にある私たちなんです。そして、旅には苦労が伴うんです。工事にも苦労があるんです。なかなか捗らないように思えることも多いです。特に基礎工事なんていつまでかかるんだろうかと思います。何にも進んでいないじゃないか、何も変わっていかないじゃないかと思うことがあるわけです。でも、成長している。私たち一人ひとりは成長している。教会は成長している。

イスラエルが歩いていた荒野って、どこまでいっても荒野じゃないか、全然景色が変わらない。何一つ変わっていない。そういう風に思ったかもしれない。けれども、やっぱり一歩ずつ歩けば確実に旅は進んでいくわけですよね。約束の地は近づいてくるわけですよね。だから、何も変わっていないように見えても、その見かけに騙されてはいけないですよね。私たちは神さまの胸の中にいるんです。そこにいる以上成長している。仲間も成長して、教会も成長している。「愛すること」に成長しているということを覚えておく必要があります。

それでもなお、虚しくなる時には泣いたらいいと思います。「こんな生活はもう嫌だ」と泣いて、神さまに不満を言ったらいい。だけど神さまに背を向けて泣いたり不満を言ったりするのではなくて、神さまの胸の中で、神さまの胸を叩きながら泣いたらいいと思います。不満を言ったらいいんです。神さまは答えてくださるんです。神さまが答えてくださらなかったのは、イエスさまに対してだけ、十字架の上で。でも私たちには答えてくださる。さらに、そういうところを通して成長させてくださる。モーセもこの時泣いた。涙を流したかどうかわからないけれど、でもやっぱり本当に叫んだ。神さまの胸を叩くようにして訴えているわけですよね。

「それで、モーセは主に言った。『なぜ、あなたはしもべを苦しめられるのですか。なぜ、私はあなたのご好意を受けられないのですか。なぜ、この民全体の重荷を私に負わされるのですか。』」（民数記11・11節）

延々とこの言葉が続いていきます。

「私がこのすべての民をはらんだのでしょうか。私が彼らを産んだのでしょうか。それなのになぜ、あなたは私に『乳母が乳飲み子を抱きかかえるように、彼らをあなたの胸に抱き、わたしが彼らの父祖たちに誓った地に連れて行け』と言われるのですか。」（12節）

そのように彼は言うわけですね。ここでモーセは、実は、事実でないことを言っているわけです。「全ての民の重荷を負え」とは神さまは言っていない。全ての民の重荷を負ってくださっているのは神さまなんです。神さまは「乳母が乳飲み子を抱きかかえるように彼らをあなたの胸に抱け」とは言っていないのです。イスラエルを胸に抱えるのは神さまであって、モーセじゃないんです。でも、モーセはここで自分を哀れんでいるわけですよね。押しつぶされそうになってこういう見方をしている。

「私一人で、この民全体を負うことはできません。私には重すぎます。」（14節）

もともと、負っているわけでもなんでもないんだけれども、負うことはできないと言った。そして、ついに15節です。

「私をこのように扱われるのなら、お願いです、どうか私を殺してください。これ以上、私を悲惨な目にあわせないでください。」

もう死んでしまいたいと言った。殺してくれと叫んだ。この時の神さまは、モーセに対して本当に限りなく優しいんですね。「あなたは何様のつもりだ」とは言わなかった。「どこでどう間違えて自分がイスラエルを負っているつもりになったのだ」とは言わなかったのです。そうじゃなくて16節です。

「主はモーセに言われた。『イスラエルの長老たちのうちから、民の長老で、あなたが民のつかさと認める者七十人をわたしのために集めよ。そして、彼らを会見の天幕に連れて来て、そこであなたのそばに立たせよ。』」

70人を連れてきて、そして何が起こるのか。17節。

「わたしは降りて行って、そこであなたと語り、あなたの上にある霊から一部を取って彼らの上に置く。それで彼らも民の重荷をあなたとともに負い、あなたがたった一人で負うことはなくなる。」

神さまは「あなたがただ一人で負うことがないよう、民の重荷を共に負うあなたに仲間を与えよう。あなたに仲間を与えてあげよう」とおっしゃっている。実際は先ほども申し上げましたように、神さまが負っているんです。でもまるでモーセの「自分が全部を負っている」という言い分を認めるかのように、「そうか、あなたが全部一人で負っているのか。じゃあ一緒に負う仲間を与えてあげよう」と言っている。だけどモーセはまだ泣き続けるんですね。
「しかしモーセは言った。『私と一緒にいる民は、徒歩の男子だけで六十万人です。しかもあなたは、彼らに肉を与え、一か月の間食べさせる、と言われます。彼らのために羊の群れ、牛の群れが屠られても、それらは彼らに十分でしょうか。彼らのために海の魚が全部集められても、彼らに十分でしょうか。』」(21―22節)
「この民全体に肉を食べさせるなんて、そんなことができるのでしょうか！」とモーセは言った。しかし神さまはここで「まだそんなことを言っているのか」と言わないのですよね。さらに優しく言いました。
「主はモーセに答えられた。『この主の手が短いというのか。わたしのことばが実現するかどうかは、今に分かる。』」(23節)
と。そして、ご自身のみ言葉を持ってモーセに力を与えてくださった。結局、この肉っていうのはうずらが飛んでくることになる訳ですけれども、イスラエルは満足すると同時に打たれました。もちろんイスラエルの全員が死んだわけではなくて、一部分がここで裁きを受けて死んでいる。おそらく、民をけしかけた他国の人々というのが打たれたのではないかと思います。他国人は神の民のイスラエルをつぶやきに引き込んだ。ひょっとしたらモーセもイスラエルと一緒に引き込まれたかもしれない。けれどもモーセは神さまの胸の中に留まった。モーセは絶望したけれども、神さまの胸の中で絶望した。やけくそになって「殺してくれ」と言ったけれども、神さまの胸の中でやけくそになった。ここに違いがある、大きな違いがある。そして、モーセはここから突き抜けていくんですね。正確に言うと、モーセが突き抜けたんじゃなくって、神さまがモーセを突き抜けさせた、み言葉と仲間によって。具体的には、仲間である70人の長老が預言するわけですよね。神さまが彼らにも聖霊を注いでくださって、彼らにも語らせる。ところがですね、この70人以外にも二人の者がいた。

「そのとき、二人の者が宿営に残っていた。一人の名はエルダデ、もう一人の名はメダデであった。彼らの上にも霊がとどまった。彼らは長老として登録された者たちだったが、天幕へは出て行かなかったのである。彼らは宿営の中で預言した。」（26節）

70人の中には入っていなかったのだけれども、もう二人長老がいたんですね。そして、この二人も預言した。この二人にも霊が注がれた。70人に入っていないのに、どういうわけだか注がれたわけです。「70人の仲間」と言いながら、神さまの憐れみはそこから漏れた者たちの内にも豊かに溢れた。

その時、それが気に入らなかったのがヨシュアですよね。彼はモーセの後継者となって、ヨルダン川を渡ってイスラエルの民をカナンへと導いていく人物です。けれども、28節。

「若いときからモーセの従者であったヌンの子ヨシュアは答えて言った。『わが主、モーセよ。彼らをやめさせてください。』」

70人の長老たちの預言は神さまがそのようにしたことだから良いとしても、この二人ののが預言することはモーセも予想していなかったわけですよね。ある意味では、神の指導者であるモーセのコントロールの外で起こっていること。だから、ヨシュアは「これは良くないんじゃないか」と思った。だけど、モーセはそういうところも突き抜けているんですね。

神さまの大きな憐れみの中で、モーセは神さまと思いが一つになっているのです。29節。

「モーセは彼に言った。『あなたは私のためを思って、ねたみを起こしているのか。主の民がみな、預言者となり、主が彼らの上にご自分の霊を与えられるとよいのに。』」

自分のコントロールの外にあるとか、指導者である自分が知らないことが起こっているとか、そんなことはどうでもいい。それよりも、私が願うことはこのイスラエルのすべての人々が預言者となって、そして神さまと同じ一つの思いで生きるようになることだ。そう願った。今までつぶやいて自分を苦しめていた60万人の民がみんな預言者となったらいい。そのように彼は心から願った。そして29節の「主が彼らの上にご自分の霊を与えられるとよいのに」という願いはやがて実現する。千数百年後、ペンテコステの日にこれが実現いたしました。新約聖書の「使徒の働き」を開いていきましょう。2章14節以下から。

「ペテロは十一人とともに立って、声を張り上げ、人々に語りかけた。『ユダヤの皆さん、ならびにエルサレムに住むすべての皆さん、あなたがたにこのことを知っていただきたい。私のことばに耳を傾けていただきたい。今は朝の九時ですから、この人たちは、あなたがたが思っているように酔っているのではありません。これは、預言者ヨエルによって語られたことです。
『神は言われる。終わりの日に、わたしはすべての人にわたしの霊を注ぐ。あなたがたの息子や娘は預言し、青年は幻を見、老人は夢を見る。その日わたしは、わたしのしもべにも、はしためにも、わたしの霊を注ぐ。すると彼らは預言する。』」（使徒2・14―18）

このようにペテロは語ります。今すべての人に御霊が注がれている、そして聖霊を受けた者たちが預言者になるということです。モーセの思い、そして何よりも神さまのみ思いがペンテコステの日に実現した。私たちは今そのような時代にいます。御霊を注がれた全ての人が神の御霊によって預言者となる。そういう時代に預言者として生かされているということを思います。そして、この「使徒の働き」で聖霊を受けた人々は何を語り、何を預言したのか。2章22節以下です。

「イスラエルの皆さん、これらのことばを聞いてください。神はナザレ人イエスによって、あなたがたの間で力あるわざと不思議としるしを行い、それによって、あなたがたにこの方を証しされました。それは、あなたがた自身がご承知のことです。神が定めた計画と神の予知によって引き渡されたこのイエスを、あなたがたは律法を持たない人々の手によって十字架につけて殺したのです。しかし神は、イエスを死の苦しみから解き放って、よみがえらせました。この方が死につながれていることなど、あり得なかったからです。」（使徒2・22―24）

聖霊を受けて人々が語ったのは、主イエス・キリストの十字架と復活でした。また、十字架と復活によって私たちに与えられる罪のゆるしと新しい命でした。

ある牧師が言っていました。

「私たちは裁きを恐れるでしょう。裁かれるということを恐れるでしょう。裁きを免れたいと願うでしょう。だけど、私たちのもっと深いところでは、本当に本当に深いところ、心の奥では、裁かれたいと思っている、そういう自分がいるんだよ」と言ったんです。

私は、なるほどと思いました。私たちは自分の罪が分かったら、やっぱりそれが裁かれないで済むとは思えないです。この自分はやっぱりきちんと裁かれなければならないんだ、とすぐに思うわけです。私たちが愛を貫くことができない、それどころか時には明らかな悪意を持って虐げたり、言葉で傷つけたり、あるいは誰にもわからなくても思いの中で愛するべき人々を見捨てたりする。誰も知らなくても私たちは罪人ですね。そういう罪人を裁かないような神さまだったらそれはおかしいよな、神さまではないよな、やっぱりどこかできちんと裁かれなければならないんだろうなと、そういう風にも思うわけです。でも、裁かれたらどうなるのか。やっぱり神さまから切り離されてしまって、仲間から切り離されてしまって、ただ一人で滅びていかなければならない。しかし、私たちにはキリストがおられる。十字架で死んでよみがえってくださったキリストがおられる。神さまの怒りと裁きの前に立ちふさがって、そして、ご自分がこの裁きに貫かれてくださったイエスさまがおられる。ただ一人滅んで行かれたキリスト。滅んで死んでよみがえったキリストが私たちにはおられる。

私たちは御霊によって何を語るのか、何を預言するのか。信じるお互いに、そして、まだイエスさまを知らない人たちに何を語るのか。それはキリストです。互いに礼拝に集って、キリストを語り合う。キリストを語り、キリストに聞き、キリストをほめたたえる。そして、ここから遣わされて行って、それぞれの置かれた場所でキリストを語っていく。そこには、もちろん困難があります。だから時には神さまの胸の中で泣き叫ぶっていうこともあるけれども、神さまはそこからも突き抜けさせてくださる。何度でも何度でも突き抜けさせてくださる。み言葉と仲間を私たちに与え続けてくださる。私たちがキリストを語り合い、また語りだすという、本当の祝福の中を行かせてくださることを願います。短くお祈りします。

恵み深い天の父なる神さま。主の民がみな預言者となればよいのに、主の民がみなキリストの恵みを語り、キリストを語り、キリストをほめ称えるそのような人々となればよいのに。モーセの思いは、神さまのみ思いは、ペンテコステに実現したことを思います。どうか私たちが与えられたこの聖霊とまた唇を持って、キリストを語り続けることができますように。私たちの口から出る言葉が腐った言葉ではなくて、本当にキリストをほめたたえる言葉であることができますように。また私たちの唇を通してどうかこの世界が、私たちの家族が、地域が、職場が、キリストを知ることができますように。どうかあなたが共にいてください。遣わしてください。

尊いイエス・キリストのお名前によってお祈りします。　アーメン。

謙遜に生きる幸い

聖書　民数記11章35節～12章16節

35 キブロテ・ハ・タアワから、民はハツェロテに進
んで行った。そしてハツェロテにとどまった。
1 そのとき、ミリアムとアロンは、モーセが妻とし
ていたクシュ人の女のことで彼を非難した。モーセ
がクシュ人の女を妻としていたからである。2 彼らは言った。「**主**はただモーセとだけ話さ
れたのか。われわれとも話されたのではないか。」**主**はこれを聞かれた。3 モーセという人
は、地の上のだれにもまさって柔和であった。
4 **主**は突然、モーセとアロンとミリアムに、「あなたがた三人は会見の天幕のところへ出
よ」と言われた。そこで彼ら三人は出て行った。5 **主**は雲の柱の中にあって降りて来られ、

天幕の入り口に立って、アロンとミリアムを呼ばれた。二人が出て行くと、6 主は言われた。
「聞け、わたしのことばを。
もし、あなたがたの間に預言者がいるなら、
主であるわたしは、
幻の中でその人にわたし自身を知らせ、
夢の中でその人と語る。
7 だがわたしのしもべモーセとはそうではない。
彼はわたしの全家を通じて忠実な者。
8 彼とは、わたしは口と口で語り、
明らかに語って、謎では話さない。
彼は**主**の姿を仰ぎ見ている。
なぜあなたがたは、わたしのしもべ、
モーセを恐れず、非難するのか。」
9 **主**の怒りが彼らに向かって燃え上がり、主は去って行かれた。10 雲が天幕の上から離れ
去ると、見よ、ミリアムは皮膚がツァラアトに冒され、雪のようになっていた。アロンが

ミリアムの方を振り向くと、見よ、彼女はツァラアトに冒されていた。[11] アロンはモーセに言った。「わが主よ。どうか、私たちが愚かにも陥ってしまった罪の罰を、私たちに負わせないでください。[12] どうか、彼女を、肉が半ば腐って母の胎から出て来る死人のようにしないでください。」[13] モーセは**主**に叫んだ。「神よ、どうか彼女を癒やしてください。」[14] しかし**主**はモーセに言われた。「もし彼女の父が彼女の顔に唾したら、彼女は七日間、恥をかかされることにならないか。彼女を七日間、宿営の外に締め出しておかなければならない。その後で彼女は戻ることができる。」[15] それでミリアムは七日間、宿営の外に締め出された。民はミリアムが戻るまで旅立たなかった。[16] それから民はハツェロテを旅立ち、パランの荒野に宿営した。

3月の第一の主日礼拝にようこそいらっしゃいました。

明野キリスト教会の礼拝での説教題というのは、最近、月ごとにテーマを決めるようにしているんですけれどもお気づきでしょうか。2月は「祝福」というのがテーマになっていましたが、3月は「幸い」というテーマで取り継がせていただきたいと思っています。5回の主日がございますけれども「幸い」、神の民が楽しむことができるいろいろな「幸い」について5回の主日で聴いていきたいと、そう思っています。

今日は民数記12章のところです。ここでもつぶやきが出てくる。先週もつぶやきが出てきました。イスラエルの人々は毎日毎日、神さまが天から降らせてくださる「マナ」という食べ物を食べていたんだけれども、それに飽きて「こんなものしか食べるものがない」とつぶやいた。いうならば先週は食べ物についての物質的なつぶやきでした。今週は、これがまた違う種類のつぶやきが出てまいります。それはイスラエルを導いてきた指導者モーセに対して、その兄アロンと姉ミリアムとがつぶやいたのです。今日このところには人間関係のつぶやきが記されております。モーセという人は口下手だった、口が重い人であったと書いてあります。そのモーセを助けるために神さまが「兄のアロンがいるではないか」と言って助け手としてくださった。イスラエルの人々がエジプトから出てくる時にモーセの助け手にしてくださったのがアロンです。

昨日は「一年12回で聖書を読む会」一年目の方々の第3回目がありました。ちょうどアブラハムからはじまり、その息子のイサク、そのまた息子のヤコブ、そのヤコブに12人の子どもがいて、そのうちの下から二番目がヨセフであることをお話しました。このヨセフはお兄さんたちに憎まれてエジプトに売られて奴隷になるわけです…略…。そのエジプトでイスラエルの人たちは400年間、奴隷になっていたのですが、神さまが彼らを助け出してくださった。その時にリーダーに立てられたのがモーセなんですね。ところがこのモーセ、語るのが苦手なもんですから困ってしまうわけですね。その箇所を開きましょう。

「モーセは主に言った。『ああ、わが主よ、私はことばの人ではありません。以前からそうでしたし、あなたがしもべに語られてからもそうです。私は口が重く、舌が重いのです。』主は彼に言われた。」（出エジプト記4・10―11）

主というのは神さまですね。神さまが彼に仰せられた。

『人に口をつけたのはだれか。だれが口をきけなくし、耳をふさぎ、目を開け、また閉ざすのか。それは、わたし、主ではないか。今、行け。わたしがあなたの口とともにあって、あなたが語るべきことを教える。』すると彼は言った。『ああ、わが主よ、どうかほかの人を遣わしてください。』すると、主の怒りがモーセに向かって燃え上がり、こういわれた。『あなたの兄、レビ人アロンがいるではないか。わたしは彼が雄弁であることをよく知っている。見よ、彼はあなたに会いに出て来ている。あなたに会えば、心から喜ぶだろう。彼に語り、彼の口にことばを置け。わたしはあなたの口とともにあり、また彼の口とともにあって、あなたがたがなすべきことを教える。彼があなたに代わって民に語る。彼があなたにとって口となり、あなたは彼にとって神の代わりとなる。』」

（出エジプト記4・11―16）

という風に、神さまがアロンを助け手にしてくださった。雄弁なアロンですよね。でも、アロンの役割は自分で自分の語りたいことを語ることじゃないんです。今開いた15節に「彼に語り」とあります。語るのはモーセ、「彼」というのはアロンですよね。「彼に語り、彼の口にことばを置け。」つまりモーセはアロンに何を言うべきか、何を語るべきかってことを伝えて、アロンはその通り語るっていうことなんですね。あくまでアロンは助け手であって、モーセが神さまから与えられた言葉を取り次ぐだけだっていうことですよね。

一方、ミリアムはモーセのお姉さんですね。出エジプト記2章のところを少し開いていただきましょうか。今のところのもうちょっと前ですね。モーセが生まれた頃というのはイスラエルの人々がどんどん増えていた、だからエジプトの王様ファラオはそれを恐れたわけですね。このままだと国が乗っ取られてしまうんじゃないかって恐れたわけです。それでひどい命令を下しました。それは、イスラエル人に男の子が生まれたら皆殺しにしてしまえ、という命令。ところがこのモーセの母は忍びないものですから、生まれたばかりの赤ん坊のモーセをカゴに入れてナイル川に流したわけですよね。ちょうど水浴びをしにきていたファラオの娘がそれを見つける。では、この辺りのところを少しだけお読みしましょう。

「さて、レビの家のある人がレビ人の娘を妻に迎えた。彼女は身ごもって男の子を産み、その子がかわいいのを見て、三か月間その子を隠しておいた。しかし、それ以上隠しきれなくなり、その子のためにパピルスのかごを取り、それに瀝青と樹脂を塗って、その子を中に入れ、ナイル川の岸の葦の茂みの中に置いた。その子の姉は、その子がどうなるかと思って、離れたところに立っていた。するとファラオの娘が水浴びをしようとナイルに下りて来た。侍女たちはナイルの川辺を歩いていた。彼女は葦の茂みの中にそのかごがあるのを見つけ、召使いの女を遣わして取って来させた。それを開けて、見ると、子どもがいた。なんと、それは男の子で、泣いていた。彼女はその子をかわいそうに思い、言った。『これはヘブル人の子どもです』その子の姉はファラオの娘に言った。『私が行って、あなた様にヘブル人の中から乳母を一人呼んで参りましょうか。あなた様に代わって、その子に乳を飲ませるために』ファラオの娘が『言って来ておくれ』と言っ

たので、少女は行き、その子の母を呼んで来た。」(出エジプト記2・1—8)

この姉がおそらくミリアムでしょう。ファラオというエジプトの王の娘に対して、なんという機転であろうか。また堂々と交渉する肝が据わったところがある。そして出エジプトで海を渡ったときには、ミリアムは女預言者であるとなっています。「そのとき、アロンの姉、女預言者ミリアムがタンバリンを手に取ると、女たちもみなタンバリンを持ち、踊りながら彼女について出て来た。ミリアムは人々に応えて歌った。『主に向かって歌え。主はご威光を極みまで現わされ、馬と乗り手を海の中に投げ込まれた。』」(同15・20—21)

ミリアムは神さまに召され、賛美を導く賛美リーダーのような役割を果たしていた。アロンは雄弁だし、ミリアムは賛美で人々を導くことができる。そういう能力から言うならばとても優秀な人々であったわけです。少なくとも「雄弁である」という点、また「賛美を導く」という点においてはモーセよりはるかに優秀であっただろうと思うわけです。そんな二人を神さまは、モーセの助け手として立てた。そして実際、二人はここまでよくモーセを助けて働いてきました。

ところでイスラエルの人々がなんで旅をしているのかっていうと、エジプトから出てカナン、今のイスラエルがある場所に移り住むためですよね。旅をするイスラエルの人々は今、ハツェロテという場所にやってきました。その時、アロンとミリアムの不満が噴き出すわけですね。民数記に戻って12章1節。「そのとき、ミリアムとアロンは、モーセが妻としていたクシュ人の女のことで彼を非難した。モーセがクシュ人の女を妻としていたからである。」クシュ人とは、今のエチオピアのあたりの人ですね。エジプトからナイル川をずーっと上流にいくとエチオピアがありますけれども、そこの人々。で、これはモーセがエジプトから脱出する前から結婚していた女性なんです。

確かに聖書の中には、イスラエルはカナンの先住民族と結婚してはならないって書いてあるところがあります。でもそれは、そういう結婚によって偶像礼拝が入ってこないようにするためなんです。後から出てきたことなんです。だから、エジプトから脱出する前にすでに結婚していたモーセには何も非難されるところがなかったわけです。ですから、まあ言ってみると言いがかりのような非難なわけです。とても残念に思います。神さまから召されたアロンとミリアムの二人が、モーセを助けるという自分たちがなすべき使命から目を逸らせてしまった。神さまに立てられたモーセを、二人が示し合わせてですね、相談して非難した。

おそらく彼らはこっそり「モーセはちょっと調子良すぎるんじゃないかな」と言って、「ちょっと言ってやらんといかんな」と、モーセを非難する相談をしたんだろうと思うんです。「大体モーセはああだ、こうだ」とかね、そういう悪口を言い合って意気投合したのかもしれません。

宗教改革者ルターは悪口という言葉をドイツ語で「腐った言葉」と訳した。悪口は腐った言葉。腐った心から出てきて、自分を腐らせ、相手も腐らせる。自分も腐りますよね、悪口を言うと。そういう風に腐った言葉を語り合って、互いの怒りをもっとかき立て合って、勢いをつけて、モーセを非難するために向かっていった。この二人の姿を見る時に、胸が痛くなるような気がします。なぜならそれはまた、ある時の私たちの姿であるかもしれない。そういうことは、私たちにもあるかもしれない。普段はそういうことしないんだけれども、自分が本当に大事にされていないと思った時、自分が本当に不当な扱いを受けたと思った時、そういうことがあるだろうと思うんです。私たちもときに腐った言葉と腐った思いを胸に抱き、口に出してしまう、そういう存在なのだと思います。しかし、このふたりの非難は言いがかりでした。そのことはすぐ明らかになります。12章2節ですね。「彼らは言った。『主はただモーセとだけ話されたのか。われわれとも話されたのではないか。』主はこれを聞かれた。」

クシュ人の妻のことなんか本当はどうでもよかったわけですよね。そうじゃなくて、彼らには言いたかった別の本音、本当の不満があった。それは、自分たちがモーセの助け手にすぎないことが不満だった。第一の指導者ではなくて、二番目、三番目だったっていうこと、それが不満だった。わからなくもないですよね。アロンにしてみれば、モーセはいつもボソボソとささやいている。ボソボソ言っているだけで、何言ってるんだかわかんない。それだから、そんな何言ってるのかわかんないようなモーセの言葉がイスラエルの人びとにわかるように、いつも自分が語り直してやっている。いつも自分が、なめらかな言葉で、大きな声で、イスラエルに語ってやっているんだと。私は兄なのに、兄であるのに、そうやっていつもいつも弟モーセの面倒を見てやっている。それなのに、自分がモーセに従わなければならない。モーセとは比べものにならない雄弁の賜物を持っている自分が、その雄弁を自由に心ゆくまで用いることができない。いつも、いつも、いつも、モーセの言葉をとりつぐだけ。もっと正当な扱いを受けてもいいんじゃないだろうか。もっと認められてもいいんじゃないか。そういう風に感じていたんだろうなと思うんです。

ミリアムも同じですね。賛美を歌い、導く豊かな賜物を持っている。それなのに、モーセが言うとおりに賛美しなければならない。もっと賛美をささげたいと思う。これからだと思う時に、モーセが「そこまで」って言ったらもうそこまでなんですね。そういうときに「そもそもモーセ、あなたのいのちを救ったのはだれだと思っているのよ」とか、そういう風に思っていたかもしれないですね。

彼らは、自分たちに与えられている賜物をもっと自由に生かしたい、と思った。私たちにも、自分の賜物を思うぞんぶんに発揮したいという願いがあります。そういう風にして貢献することができたら、神さまに仕えることができたら、この世界の役に立つことができたら、どんなに大きな満足だろうかと、わくわくするように思うわけです。賜物っていうのは用いるためにあるわけです。だから賜物を用いて貢献したいと考えることはちっともまちがってはいません。よいことだと思うんです。でも賜物を用いることを止められたときに、私たちの願いが本当に深いものであるかどうかが問われると思います。貢献したいという願いが、単に自分の満足感を求めているのか、それとも神さまのみこころがなされることを求めているのか。その賜物が制限される時、差し止められる時、そこまでだと言われる時に、これがはっきりするのだろうと思うんです。

アロンとミリアムは、自分たちの満足感を求めた。神さまのみこころを超えて、満足を自分の手で掴み取ろうと、そういう風に思いました。神さまを押しのけて、自分の思いを押し通そうとしたわけですよね。だから、モーセの妻がクシュ人だってことでいいがかりをつけた。「モーセ、あなたは指導者にふさわしくない。私たちにあなたの地位を譲るか、あるいは、せめて同等の、等しい地位を与えなさい」と迫ったわけですね。しかし、このことは、神さまのお心を痛めることでした。12章4節。

「主は突然、モーセとアロンとミリアムに、『あなたがた三人は会見の天幕のところへ出よ』と言われた。それで彼ら三人は出て行った。」

会見の幕屋にこの三人が神さまから呼び出されるわけです、「突然」。突然、すぐに、神さまは行動を起こして、三人を呼び出された。そして5節。

「主は雲の柱の中にあって降りて来られ、天幕の入口に立って、アロンとミリアムを呼ばれた。」

恐るべきことが起こったわけですね。神さまが地上に降り立たれて、アロンとミリアムにこっちに来いとおっしゃった。ほんの少し前にこの二人は「神はモーセとだけではなく、私たちとも話される」って言ったわけですよね。そのとおり、確かにその通りになった。だけどその神さまのことば、それは厳しい言葉だったんです。

『聞け、わたしのことばを。もし、あなたがたの間に預言者がいるなら、主であるわたしは、幻の中でその人にわたし自身を知らせ、夢の中でその人と語る。だがわたしのしもべモーセとはそうではない。彼はわたしの全家を通じて忠実な者。彼とは、わたしは口と口で語り、明らかに語って、謎では話さない。彼は主の姿を仰ぎ見ている。なぜあなたがたは、わたしのしもべ、モーセを恐れず、非難するのか。』」(6―8節)

神さまは「私がモーセを用いる用いかたは、あなた方二人を用いる用いかたとは違うんだ」、モーセは特別だとおっしゃった。モーセにだけは、口と口で、言葉で語るんだ、モーセにだけは姿を見せるんだと、そうおっしゃったんですね。なぜモーセだけが特別なのかという理由は、説明されていません。神さまは、私たちに起こるすべてのできごとの理由を説明なさる方ではない。どうして私の人生にこのようなことが起こってくるのか、どうして私はこういう役割を果たすことになっているのか、全てが説明されているわけではない。おそらく説明されてもわからない。でも、ここで神さまは「彼はわたしの全家を通じて忠実な者である」っておっしゃった。それは大切なことであったに違いないと思わされます。

私たちの生活にも、自分の願うようにならないことはよくあると思います。そんなときに、私たちはどうするだろうか。私たちの願いが実現しなくても、それでもモーセのように忠実に、「願いが実現されない」ということ自体に神さまどういうみ思いがあるのかと祈り、思いをめぐらすことができるだろうか。そうするならば、私たちは神さまを〝知る知識と信仰〟へと成長していくことができると思います。神さまとの関係が成熟していくと思います。反対に、アロンとミリアムのように、用いられている人の悪口を言い、引きずり降ろそうとするなら、私たちは成長できないばかりでなく、神さまとの関係を危険にさらしてしまいます。

「主の怒りが彼らに向かって燃え上がり、主は去って行かれた。雲が天幕の上から離れ去ると、見よ、ミリアムは皮膚がツァラアトに冒かされ、雪のようになっていた。アロンがミリアムのほうを振り向くと、見よ、彼女はツァラアトに冒されていた。」（12・9―10）

ツァラアトとは重い皮膚病のことですね。神さまの怒りが下った。これはミリアムが立ち返るためにです。単に罰するためではありません。ミリアムが立ち返り、自分の満足を求めるのではなく、神さまのみこころを行うことそれ自体に満足するようになるために、このような裁きが下されました。

私たちは大きな失敗、大きな罪を犯してしまった時に、どのように立ち返ることができるのでしょう、立ち上がることができるでしょうか。小平牧生《こだいらまきお》先生という西宮の牧師がいますけれども、その『有能であるよりも、有益であることを』（いのちのことば社、2017年）という説教集の中に、私が聞く度に本当に心が痛くなる、そういう出来事が出てくるんです。小平先生が大学生のときのことなんですが、彼には親友がいたんです。大学生になる前から地元西宮の教会に一緒に通っていたし、二人とも上京して大学に通うようになって、もう親友だからと一緒にアパートを借りて住んでいたそうです。そして、近所の中高生たちに勉強を教えながら、聖書を開いて神さまのことを伝道していた。そうやって、二人で熱心に神さまに仕えていたんです。

ところがですね、いつのまにか小平先生の中に、この親友に対する嫉妬が生まれてくるんです。二人が通っていた教会では毎週、夜の集会があって、青年たちが司会をしたり賛美リードをしたりするんですね。で、その教会の牧師はいつもこの親友に司会をさせて、小平先生には、その時は大学生ですけれども、いつも玄関でスリッパを並べたりその辺を片付けたりするような雑用ばかりさせる。意図はわからないんです。ひょっとしたらそこの牧師は、小平先生にはこれが必要なことだと思われたのかもしれませんが、それがずーっと積み重なっていくうちに、小平先生のうちに、こう嫉妬がね、湧いてきたんです。ある日、この親友が些細なことで失敗した。些細なミスをした。そのことをみんなの前で、そして決して言ってはならない言葉で責めてしまった。で、この親友は、アパートから出て行った。そして、教会にも来なくなって離れてしまった。訪ねて行っても会ってくれない。もう一回訪ねていくと「引っ越してもういない」とのこと。彼の実家に新しい住所を聞いても「いや、本人に止められていて教えることはできません」と言われるんですね。謝ることもできない、そういう風になったんです。小平先生は牧師の息子で、自分も牧師になろうと思っていた。でも、牧師になろうとしている人間が、嫉妬から親友をつまずかせてしまった。しかも教会からも離れるほどにつまずかせてしまった。それで小平先生は苦しむんです。その親友や他の人々が夢の中にも出てきて、苦しむんですね。最初はね、「この問題を解決してください」「彼と、親友と和解することができるように」とお祈りしていたんだけれども、もう本当にどんどん追い詰められていって「神さま、私をとにかく赦してください」という祈りに導かれていくわけですね。主イエス・キリストの十字架の前に立って「赦されるはずがないこの自分を、決して赦されるはずがないこの罪人の私を赦してください」と、そう祈るんです。

で、それなりに、何とかかんとか大学を卒業して、神学校に入って卒業して牧師になった、そして結婚することになったんです。その事件から七年が経っていました。その時に、結婚式の案内をこの親友に、おそらくは彼の実家に出した。いつものように返事はなかった。ところが、結婚式のその朝、その親友から電話がかかってきた。彼に「私のことを赦してほしい」と言ったら、「牧生君、ぼくは君を赦しているよ」と、そう言われた。そのとき、イエス・キリストの赦しが心に満ちた。「子よ。しっかりしなさい。あなたの罪は赦された」っていうその聖書のみことばが、神さまからの赦しが、この親友からの赦しと共に心に満ちた。なんとも嬉しい、なんともほっとする、そういうような経験をされたわけですよね。

私たちは、どうすることもできない罪を犯してしまった時にどうしたらよいのだろうか。死んでしまいたいと思うような罪と恥にまみれる時、私たちはどうしたらよいのだろうか。「どうしたら良いのか」って言っても、どうすることもできないわけですよね。でもそこで、神さまが私たちを十字架に連れていってくださる。「この十字架を見なさい。あなたのそのどうしようもない、死んでも償うことのできない罪を御子《みこ》イエス・キリストが、このように十字架で引き受けてくださった。だからあなたを赦す」とおっしゃってくださる。「十字架のもとに行きなさい」と言われたって、私たちはそう簡単に行くことはできません。でも私たちにできなくても、神さまがそうしてくださる。そして、赦してくださる。何度でも赦してくださる。**何度でも、何度でも、何度でも**、赦してくださる。そして、回復させてくださる。

民数記に戻って3節ですが、

「モーセという人は、地の上のだれにもまさって柔和であった。」(12・3)

この「柔和」という言葉、以前の新改訳では「非常に謙遜であった」と訳されていました。じゃあ謙遜って何か。普通に謙遜って言ったら、ちょっと控えめな態度を取ると「謙遜な人になった」とほめてもらえるわけです。でも、聖書でいう謙遜っていうのは違うんです。聖書の謙遜は、神さまのみこころの前にへりくだること。神さまのみ思いを一番優先すること。それが謙遜です。だから、謙遜な人はいつも控えめかっていうとそうは限らないですよね。神さまが「ここは大胆に行動しなさい」とそう言っておられるなと思ったなら、控えてばっかりではない。言うべきこと、なすべきことを、大胆にする。それも謙遜なんです。

かつて、国連の事務総長にダグ・ハマーショルド（Dag Hammarskjöld, 1905 - 1961）という人がいました。在任は1953年から1961年。皆さんは覚えていませんか。私は1960年生まれですから物心ついていてなかったはずなんだけれど、この名前はなんか聞き覚えありますよ、「ハマーショルド国連事務総長」ってね。この人はスウェーデンのクリスチャンです。当時、50年代から60年代っていうのは東西冷戦の時代ですよね。資本主義と共産主義が鋭く対立していて、まだベルリンに壁があった時代です。彼はその時代に、国連事務総長っていう役割を果たしていました。で、この人は東にもつかなかったし西にもつかなかった、だから孤立していたんです。何かうまく互いの力を利用しようとはしなかった。そうじゃなくてこの人は、紛争があってどっかの国の人が他の国の人を人質にすると、その現場に乗り込んでいって対話をさせるっていう、そういうことをやった人です。国連主導で平和を作ろうとした、そういう人物ですよね。

この人の日記が日本語にも翻訳されていて、その中に「謙遜」について書かれた箇所があるんです。「謙遜とは、自讃の反対であるとともに卑下の反対でもある。謙遜とは自分を他人と比較しないことだ」。（ダグ・ハマーショルド、鵜飼信成訳「道しるべ」みすず書房、1999

年、168頁）自分を他人と比較するとね、あ、私の方がすごいと思って自賛するわけでしょ？ それ謙遜じゃないですよね。人と比べて自分のようなものはダメだと思う、それも全然謙遜ではない。謙遜とは、自分を他人と比較しないこと。比較しないのなら、じゃあ何を基準に生きていくのか。それは、神さまのみ思いを基準に生きていく。それが謙遜なのだと。ですから謙遜に生きることができる人は、他人のことをもう全く構わないってことじゃないけれども、他人がどう見るか、どう言うか、どういう評判かということを自分の行動の基準におかない。神さまの胸の中で安心して生きているっていうか、安心して神さまのみこころを行える。どんなに激しい非難があったとしても、神さまの胸で生きていく。他人と比較しない。たとえ自分に良いこと、手柄があったとしても、いつものように神さまのお心の中で生きていく。他人と比較して本来の実力以上に自分を持ち上げてみたり、あるいは他人と比較して落ち込んだりする必要がない。みこころを行うことを本当に安心して楽しんでいるっていうのが謙遜な人の生き方です。

モーセは地上のだれよりも謙遜な人であった。地上のだれよりも神さまのみこころを第一にする。だからモーセはアロンとミリアムによって自分の権威が脅かされた時に、その権威を握り締めて、自分の力でそれを確立しようとする必要がなかった。あるいは「この者たちは自分の権威を脅かすものだ、なんとかしてこの人たちから自分を守らなければ」というようなことを考える必要もなかったし、興味もなかった。謙遜な人っていうのはそういう人ですよね。だからこそモーセはミリアムのためにとりなすことができました。12章13節。

「モーセは主に叫んだ。『神よ、どうか彼女を癒してください。』」

「ザマアミロ」とは言わなかった。これに懲りて私の権威に挑戦するのはやめなさいとも言わなかった。そうじゃなくて「どうか神さま、ミリアムを癒してください」と願った。「あなたがこのミリアムをもイスラエルの民を導くために、選んでくださったのではないですか。私の助け手として立ててくださったのではないですか。だから癒してまたもう一度、一緒に働くことができるようにしてください。」そういう風に願った。ここにモーセの謙遜の極みがあると思います。神さまのお心にモーセは思いを向ける。ミリアムが斥けられることを望まない。こういうことがあったにもかかわらず、モーセにひどいことを言ったにもかかわらず、それでもこれまで通り、モーセの助け手としての役割をミリアムが果たしていくことができるようにと願ったんですよね。自分はなにか言われたとか、挑戦されたとか、権威を脅かされたとか、そんなことなど気にもしていない。

謙遜とはそういった神さまとの関係。その関係をほんとうに生き抜いたのは、実はイエス・キリストです。自分の権威など最初から手放しておられる。神であるのに人となってくださった。そして神さまのお心に、生涯を通して、また生涯の終わりに至るまで従い抜かれました。十字架の死に至るまで。イエスさまは言葉によって、行いによって、父に従うことはどういうことかということを教えてくださり、見せてくださった。十字架にまで従われた。父のみ思いに従うことが謙遜なんだってことを見せてくださったと思います。

イエスさまが教えてくださったものの中で、たいせつにされているのは山上の説教ですよね。マタイ5章5節に、「柔和な者は幸いです。その人たちは地を受け継ぐからです。」というところがあります。ここの「柔和」という言葉は、旧約聖書によれば「謙遜」と同じ言葉です。旧約聖書はヘブル語、新約聖書はギリシア語で書かれているので、翻訳という作業が必要ですが、ヘブル語の「謙遜」という言葉はギリシア語では「柔和」という意味を持った言葉になります。謙遜な者は幸いなのです。柔和な者は幸いなのです。自分の権威が脅かされることがあっても、神さまのみこころに生きる者は幸いなのです。神さまのみこころを思い、自分を脅かす者に対しても柔和に、同時にひるむことなく、愛を注ぎ続ける。そういう人々を通して、この地上に神さまのみこころが行われていくのです。神さまのみ思いになっていくのです。その人たちは地を受け継ぐのです。この世界が神の世界に開かれていく。この世界が神さまのみ思いに造り変えられていく。謙遜な者を通して、柔和な者を通して。

自分の願いが叶えられない時、私たちはどう振る舞うでしょうか。自分の賜物を存分に発揮できない時に、どのように生きていくでしょうか。神さまを押し退けるだろうか。神さまが用いようとしている人を押し退けようとするだろうか。それとも、神さまが用いておられる人のために祈り支えるだろうか。「そうは言っても私たちは人間だからそんなことはとてもできない」と思うかもしれない。けれども神にはできないことは何もない。もう、いろんな思いに押しつぶされて背中が曲がってしまったような私たちであっても、神さまがまっすぐに立たせてくださる。イエスさまの御生涯と十字架は、ただ私たちの謙遜の見本というわけではありません。そうじゃなくって、十字架は私たちを解き放ち、イエスさまに似た者に謙遜に生きる者として造り変える、そういう力を持っている。神さまの胸の中で、神さまのみこころを喜び、神さまのみこころに生きる者として私たちをじっくりと深いところから日々造り変えてくださるのです。

神がともにおられる幸い

聖書　民数記13章32節～14章4節

32 彼らは偵察して来た地について、イスラエルの子
らに悪く言いふらして言った。「私たちが行き巡って
偵察した地は、そこに住む者を食い尽くす地で、そ
こで見た民はみな、背の高い者たちだ。33 私たちは、
そこでネフィリムを、ネフィリムの末裔アナク人を見た。私たちの目には自分たちがバッ
タのように見えたし、彼らの目にもそう見えただろう。」
1 すると、全会衆は大声をあげて叫び、民はその夜、泣き明かした。2 イスラエルの子ら
はみな、モーセとアロンに不平を言った。全会衆は彼らに言った。「われわれはエジプトの
地で死んでいたらよかった。あるいは、この荒野で死んでいたらよかったのだ。3 なぜ主

は、われわれをこの地に導いて来て、剣に倒れるようにされるのか。妻や子どもは、かすめ奪われてしまう。エジプトに帰るほうが、われわれにとって良くはないか。」[4]そして互いに言った。「さあ、われわれは、かしらを一人立ててエジプトに帰ろう。」

聖書　民数記14章29節～31節

[29]この荒野におまえたちは、屍をさらす。わたしに不平を言った者で、二十歳以上の、登録され数えられた者たち全員である。[30]エフンネの子カレブと、ヌンの子ヨシュアのほかは、おまえたちを住まわせるとわたしが誓った地に、だれ一人入ることはできない。[31]おまえたちが『かすめ奪われてしまう』と言った、おまえたちの子どもについては、わたしは彼らを導き入れる。彼らはおまえたちが拒んだ地を知るようになる。

受難節第一主日の礼拝にようこそいらっしゃいました。イースターに向かって主イエスの復活を祝う40日間、これを受難節と言います。日曜日を除いて40日間ですので実際は46日間です。この期間、イエス・キリストの十字架を思いめぐらしながら、私たちの歩みを進めてまいりたいと思います。

今日も民数記が開かれております。明野キリスト教会では土曜日に「一年12回で聖書を読む会」が開かれています。旧約聖書を読むときには『あの本』の中のアブラハムの系図（『聖書は物語る』32―33頁参照）を繰り返し見るんですね。アブラハム、イサク、ヤコブ、ヨセフ。その人たちのことをよく振り返る。あるとき出席なさっている方のお一人が「参考にしてください」と新聞記事を持ってきてくださいました。それは小説家の阿刀田高さんが書いた記事で「旧約聖書の勘どころは『ああ、いやよ』なんだ」と書いてありました。「ああ、いやよ」って何だろうと思って読んでいくと、アブラハムの「あ」、イサクの「い」、ヤコブの「や」、そしてヨセフの「よ」、それをあわせて読むと「ああ、いやよ」。そういう風に覚えると旧約聖書の重要な人物の名前が覚えられるんだというわけですね。アブラハムからイスラエルが始まってそしてイサク、ヤコブ、そしてヨセフの時に飢饉があって食べるものがなくてイスラエルはみんなエジプトに移って奴隷になりました。そして４００年間の奴隷生活の苦しみの中から、神さまがイスラエルを解放してくださいました。あの映画『十誡』に出てくる海が分かれる、その分かれたところを通って脱出していくわけです。そのあとシナイ山で律法が与えられる。神さまと共に歩く歩き方を教えられる。そして旅は続いていくわけですね。お手元に地図（次頁、川向 肇氏提供）が載っていますのでご覧ください。

左側のエジプトから海を渡って下に降りていくとシナイ山があります。ここで律法を与え

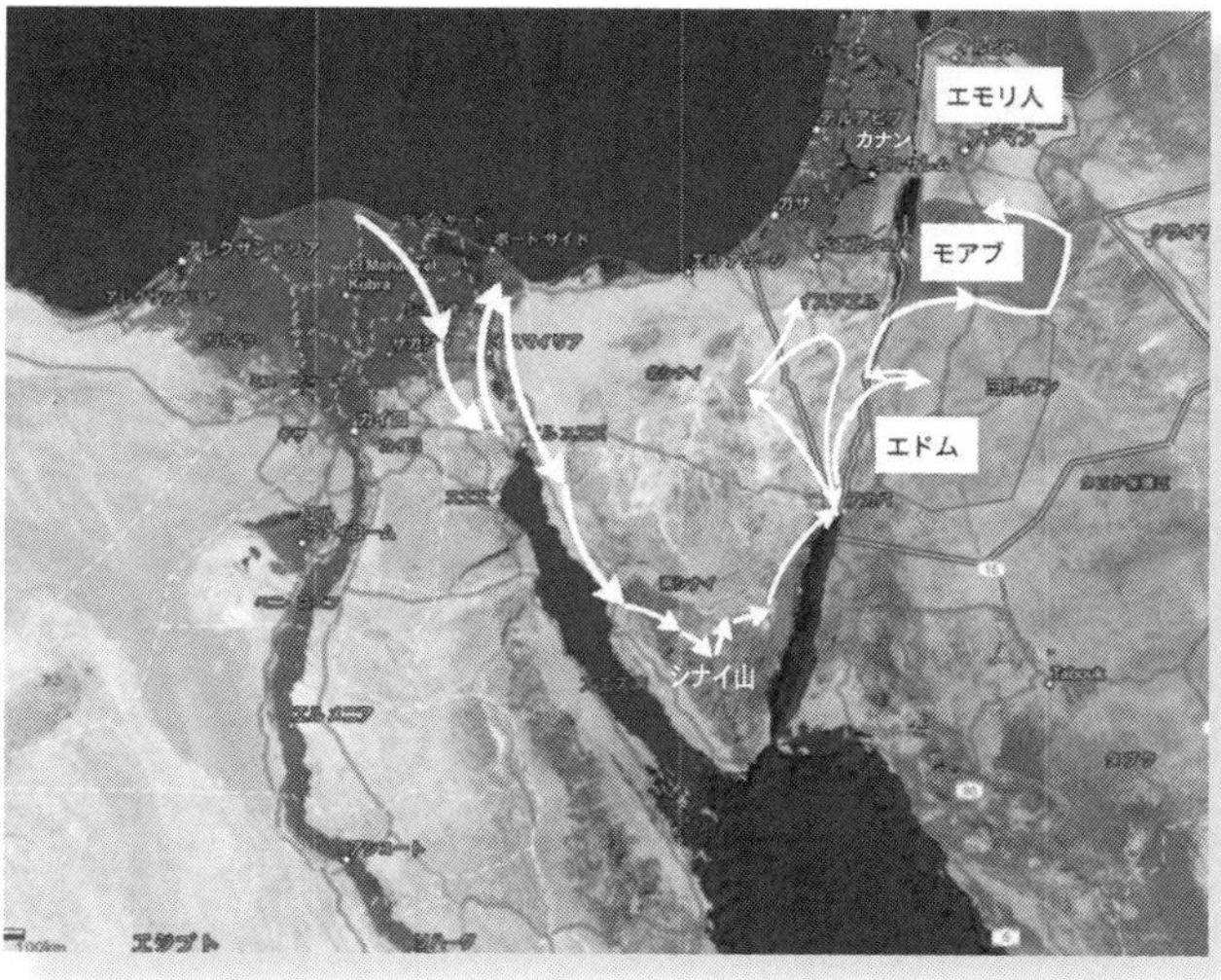

られる。そのあと上に上がって、北上していくわけです。イスラエルは荒野という岩石砂漠のようなところを旅し続けているわけです。多くの失敗をするのだけれども、そのたびごとに神さまから赦されて、そして教えられながら目的地を目指して旅をしていく。目的地はカナンです。この地図で言うならば地中海の沿岸の北の方に「カナン」と書いてあります。そこを目指して今旅をしているわけです。ところがどんどん上がっていくと途中でくるっと引き返しているところがありますね。今日の民数記の箇所はこのひっくり返るところのことが書いてあります。もうカナンの目前まで来ているんです。あと数日で目的地のカナンに入ることができるという、もうそこ

まで来ている。ところがそこでイスラエルは大きな罪を犯してしまう。あと数日で目的地に着くのにそこで罪を犯したためになんと40年間荒野をさまようことになる。40年って長いですよね。40年というのは世代交代に必要な時期なんです。40年たつと今元気な世代から子どもたちの世代に交代していくわけですね。ですから、エジプトから大人の時に脱出した人たちはカナンに入ることができない。入ることができるのはその子どもの世代ですね。完全に代替わりするまで目的地のカナンに入ることができない。

そこまでの罪とは一体どういう罪であるのか。そこには二つの罪があった。ひとつは指導者の罪。もうひとつは民の、人びとの罪。この時カナンの地に偵察隊が行くんですね。12部族から、一部族ひとりずつで12人行くわけですね。今日は読みませんけれども、民数記13章の初めのところにその名前が載っています。4節からずっと「ルベン部族からはザクルの子シャムア……うんぬん」と載っているわけです。この12人が偵察隊としてカナンの地に行ってみた。そうしたらそこがとても豊かな地で「乳と蜜が流れる地」だと、それほど豊かな地だということが分かった。ところが彼らは罪を犯す。その部族の長、指導者の役割というのは民を導いて励まして約束の地に連れていくことなんですね。民がついてこなくても励ましたり、訓練したりしながらつれていくというのが彼らの役割だった。ところが彼らはこんなことを言います。

「彼らは偵察して来た地について、イスラエルの子らに悪く言いふらして言った。『私たちが行き巡って偵察した地は、そこに住む者を食い尽くす地で、そこで見た民はみな、背の高い者たちだ。私たちは、そこでネフィリムを、ネフィリムの末裔アナク人を見た。私たちの目には自分たちがバッタのように見えたし、彼らの目にもそう見えただろう。』」

（13・32―33）

神さまが与えようとしている土地のことを悪く言いふらした。「土地は素晴らしいけれども、そこに住んでいるのが強い人たちだから勝てないよ。神さまの計画は実現しないよ」と言って、彼らは民の心をくじいてしまった。これが指導者の罪ですね。民もまたたちまち同調するわけですね。

「すると、全会衆は大声をあげて叫び、民はその夜、泣き明かした。イスラエルの子らはみな、モーセとアロンに不平を言った。全会衆は彼らに言った。『われわれはエジプトの地で死んでいたらよかった。あるいは、この荒野で死んでいたらよかったのだ。なぜ**主**は、われわれをこの地に導いて来て、剣に倒れるようにされるのか。妻や子どもは、かすめ奪われてしまう。エジプトに帰るほうが、われわれにとって良くはないか。』」（14・1―3）

そう言うわけですね。「奴隷のままで死んだらよかった。それか、もうここで死んだ方がいい。神さまは良くない、神さまは私たちを滅ぼすためにここに連れてきたんだ」と、神さまに対してとんでもないことを言い出す。民数記14章4節にあるように、

「そして互いに言った。『さあ、われわれは、かしらを一人立ててエジプトに帰ろう。』」

とまで言った。イスラエルを神さまは愛した。神さまはイスラエルを愛して、イスラエルを奴隷の苦しみから救い出してくださった。荒野で毎日マナという美味しい食べ物を降らせて、また水がなければ岩から水を湧き出させてイスラエルを養ってこられた。その神さまを捕まえて「私たちを殺すために連れだしたんだ。そういう神さまなんだ」とめちゃくちゃなことを言い始めたんです。エジプトに帰って奴隷に戻ろうとそう言うわけです。これは民の大きな罪です。結局イスラエルの指導者の罪、そして民の罪は神さまが自分たちを愛してく

ださっていることを拒み、否定したことです。「愛されてなんかいない。神さまは私たちを愛してなんかいない」と言ったのです。目の前の困難に目を奪われて「神さまは愛なんかじゃないんだ」と、そう喚いた。彼らはとても悲しい罪を犯したのだろうなと思うのです。
新約聖書のヘブル人への手紙にはこの出来事が描かれています。

「ですから、聖霊が言われるとおりです。
『今日、もし御声を聞くなら、
あなたがたの心を頑なにしてはならない。
荒野での試みの日に
神に逆らったときのように。
あなたがたの先祖はそこでわたしを試み、
わたしを試し、
四十年の間、わたしのわざを見た。
だから、わたしはその世代に憤って言った。
「彼らは常に心が迷っている。

彼らはわたしの道を知らない。」

わたしは怒りをもって誓った。

「彼らは決して、わたしの安息に入れない。」』

兄弟たち。あなたがたのうちに、不信仰な悪い心になって、生ける神から離れる者がないように気をつけなさい。『今日』と言われている間、日々互いに励まし合って、だれも罪に惑わされて頑なにならないようにしなさい。」(3・7—13)

ここに「不信仰」という言葉が出て参ります。このヘブル人への手紙にはイスラエルが40年間荒野をさまよったことが書いているわけですが、イスラエルがさまよったのは何故か、それは不信仰だったからだとあります。不信仰とはどういうことなのか。ここで気を付けていただきたいのは、聖書がいう不信仰はただ単に「信じない」ということではないんです。私たちは「信じない」という言葉を使いますよね。例えば、「私はUFOなんか信じないぞ」とか、あるいは「私はおばけなんか信じないぞ」とか言う時にも信じる、信じないという言葉を使いますね。でもその場合、別にUFOがいようがいまいが、おばけがいようがいまいが私の生き方、私の人生の価値、私の人生の目的、そういうことには関係ないわけですよね。

でも聖書がいう不信仰はそれとはまったく違うのです。聖書のいう不信仰は、神さまに愛されているのに、まるでそうでないかのように生きること。それが不信仰。神さまの胸に抱かれているのに、まるでそうでないかのように振舞うこと。それを聖書は不信仰と呼ぶのです。イスラエルは神さまの胸に抱かれているのに「それが何になるのか」と言ったわけです。「この強大な民族を前にしてそれが何になるのか」と言った。神さまの胸に抱かれているだけ、そんなことじゃ足りないと思ったわけです。神さまの胸に抱かれていたって、強い敵が出てきたら何の足しにもならないと、そんなふうに思って、神さまを悪しざまにののしった。エジプトの奴隷に戻ると言った。つまり神さまの愛なんかいらないと言った。これが不信仰ですね。このヘブル人への手紙で神さまは

「わたしは怒りをもって誓った。『彼らは決して、わたしの安息に入れない。』」（3・11）

つまり、カナンの地には入ることはできないと厳しいことをおっしゃった。でも、ここでも注意していただきたいのは、神さまがイスラエルを捨てたわけではないということですね。この後も40年間、毎朝マナは降り続けたんです。彼らを養われ続けたんです。子どもがお母さんやお父さんの腕の中で暴れたりいたずらをしたりすると、親はひょっとすると「そ

れをやめないと腕を離してしまうよ」と言葉では言うかもしれない。けれども本当にそんなことはしないわけです。親は自分の命よりも子どもの命が大切だからです。神さまはイスラエルを愛することを決してやめない。もし神さまがイスラエルを見捨てたように見えたとしても、そこには必ず理由があります。それについては後ほど触れることにします。ここでは、聖書の不信仰とは神さまに愛されているのにそうではないかのように生きることだということです。聖書の信仰とは、神さまに愛されている者たちがそのように生きることです。このことを心にとどめていただきたいと思います。

さて、教会に来るたびにいつも「あなたは神さまに愛されている」と、言われる。でも「どうもぴんとこないな。何度言われても実感がないな」という方もおられるのではないかと思います。なぜかと考えると、一つには愛という言葉があまりにも頻繁に使われ過ぎているのではないかなと思うからです。例えば「愛されキャラ」という言葉がありますね。愛されるキャラクターのことです。愛される性格。だから例えばちらっとテレビに出ている人を見て「ああ、あの人は愛されキャラだね」と言うことができるわけです。でもそこで言われている「愛される」という言葉の意味は「ちょっと好感を持つことができる、良い感じを持つことができる」。それを「愛」という言葉で表現してしまう。でも聖書の愛は違う。神さまの愛は違うんです。昨日の「一年12回で聖書を読む会」でヨハネの福音書が開かれました。

「神は、実に、そのひとり子をお与えになったほどに世を愛された。それは御子を信じる者が、一人として滅びることなく、永遠のいのちを持つためである。」（ヨハネ3・16）

神さまは私たちを愛した。私たちを愛してくださったがために御子イエス・キリストを十字架にかけてしまわれた。滅ぼしてくださった。それは私たちが「愛されキャラ」だからじゃないんです。そうじゃなくて、私たちが滅びるべき罪びとだから愛してくださった。私たちには誰にも言ったことがない、あるいは言うことができない恥や咎めというものがある。「あんなことしなかったらよかった」というようなことがある。「あんな言葉など言わなかったらよかった」というようなことがある。「できるものならあの時に戻ってやり直したい」と思うような行いや言葉がある。行いや言葉だけであったらひょっとしたら数えることができるかもしれないけれども、心の中に浮かんでくる思いについては数えることもできない。ふと思い出しても自分の心が痛むような、うずくようなひどい思いが私たちの中にあります。私たちは多くの人々の心を突き刺すようにして傷つけてきたと思います。ですから本当だったら私たちは到底「神さまに愛されています」などと思うことはできない。きびしいさばきを受けて当然だと自分でも、思うような私たちです。

実は私たちには神さまから愛される理由はない。それなのに神さまが私たちを愛する。理由は私たちの側にあるのではなくて神さまの側にあるから。神さまがそういうお方だから。私たちを捨てることができないお方だから。罪びとだからといって私たちを滅ぼすことができないお方だから。そんなことをするくらいだったら御子イエス・キリストを十字架につけたほうがましだと思ってしまう、そういう神さまだから。

神さまが私たちを愛してくださっている。神の愛とは何か。私たちが自分を責めて恥じながら滅びていくことを望まない、それが神の愛。私たちの滅びを見ていることに耐えることができない、それが神の愛。それゆえに御子を与えてしまう。それが神の愛ですね。そうは言われてもまだ「信じますと言うことはできません」と、そのような方々ももちろんおられる。大丈夫です。慌てなくてもいい。神さまは私たちのそんな心もよくご存じです。ヘブル人への手紙4章14節～16節にこうあります。

「さて、私たちには、もろもろの天を通られた、神の子イエスという偉大な大祭司がおられるのですから、信仰の告白を堅く保とうではありませんか。私たちの大祭司は、私たちの弱さに同情できない方ではありません。罪は犯しませんでしたが、すべての点において、私たちと同じように試みにあわれたのです。ですから私たちは、あわれみを受け、また恵みをいただいて、折にかなった助けを受けるために、大胆に恵みの御座に近づこうではありませんか。」

先々週は月曜日から金曜日まで東北の方に雪かきに行ってきました。といっても今年は雪が少なかったんです。もともと雪かきが第一の目的ということではなく、第一の目的は東北の教会との交わりです。牧師、信徒の方々と交わり、ともに神さまをたたえ、互いを喜ぶことが目的でありました。京都教区から東北教区への訪問は今回震災から四回目でした。大体二年に一回、冬に訪問しています。なぜ冬かと言うと「東北に来られるんだったら一番厳しいところを見てもらいたい」ということなんです。京都から行くのも四回目ともなるとだんだん浸透してきて、信徒の方々が先に集まって待っててくれます。ですから今年は今までで一番たくさんの東北の信徒の方々と語り合うことができたと思います。帰ってきた後、そこでお話した人たちの内のおひとりから、一緒に行った牧師に手紙がきました。「同行した他の牧師先生たちにもよろしくお伝えくださ い」と書いてあったということで、私にもファックスでその手紙を送ってくださいました。こういうふうに書いてありました。「今回初めて京都の先生方とお交わりをいただき、短い時間でしたけれども本当に恵まれた楽しいひと時を過ごすことができました。主にある交わりのなんとすばらしいことか。初対面のような感じが全くせずにストレートにお話しができてとても楽しかったです。」そう書いてあるとどんなに楽しい話題だったのかと思うわけですが、でも何か楽しいこと、面白おかしいことを話したのではない。それはいつも私たちが語り合っているのと同じことです。

今回11の教会を回りましたが、その何箇所かで期せずして同じ問いかけがあったんですね。それは「私の信仰はこれでよいのでしょうか?」というものです。「なんか、これではいい気がしないんだ。」そういうことをおっしゃる方が何人かおられたんですね。ですから私たちはそういう方々に対して、いつも語っているように語った。私たちの信仰が十分であるかと聞かれたらそれは十分ではないです。牧師たちもその信仰が十分かと問われたら十分じゃない。時に迷い、時に揺らぎ、時に罪さえ犯す。でも知っておいて欲しい。救いとはどこにあるのか。信仰とはどこにあるのか。それは私たちの内にはない。内になければどこにあるのか。私たちの救いも、信仰も、キリストの内にあります。ということを語ったのです。

ヘブル人への手紙4章15節にこうあります。

「私たちの大祭司は、私たちの弱さに同情できない方ではありません。罪は犯しませんでしたが、すべての点において、私たちと同じように試みにあわれたのです。」

イエスは私たちの信仰が十分じゃないこともご存知です。疑うこともご存知です。罪を犯すこともご存知です。東北の教会に行ってみると、数人の信徒の方が守っているという教会が結構多い。そして牧師も、二つとか三つの教会を一人の牧師が兼牧していることが多くある。街からは若い人の姿がどんどん少なくなっていく。自分たちは毎年一つずつ年齢を重ねていく。だから、本当にこれで大丈夫だろうかという心細さをお感じになっている。教会は大丈夫だろうか。私たちは大丈夫なのか。そういう意味で自分は教会を支えていかなければならないけれども、自分自身を見るならば私の信仰はこれでいいのだろうか、そう思ってしまう。当然かもしれない。でも私たちには主イエス・キリストがおられる。私たちと同じように弱く、私たちの弱さを本当に身をもってよく知っておられる。そしてイエスさまは私たちと同じ弱さを持っているにもかかわらず父なる神さまの胸に抱かれ続けた。十字架に至るまで抱かれ続けた。そういうイエスさまが私たちにはおられます。

イスラエルは強大な敵を恐れました。私たちも人生の中で「今回ばかりはとても乗り越えられそうにないな」というような困難や悲しみにぶつかるということが、実際にある。もうこれ以上はやっていけないと思うこともしばしばあります。でも私たちにはイエス・キリストがおられる。もうだめだと思う私たちの弱さも、恐れも、みんな知っていてくださるイエスさまがおられます。「ですから私たちは、あわれみを受け、また恵みをいただいて、折にかなった助けを受けるために、大胆に恵みの御座に近づこうではありませんか。」（ヘブル4・16）「大胆に」ということは、自分に信仰があるとかないとか、自分は十分だとか、お祈りが足りてるとか足りてないとか、そういうことと関係ない。いま大胆に、ここで大胆にイエスさまに私を助けてくださいと近づいたらいい。自分をととのえてから、修行をしてから、何かになってから近づくのではなく、今、ここで、このままで、弱いままで。

「さて、私たちには、もろもろの天を通られた、神の子イエスという偉大な大祭司がおられるのですから、信仰の告白を堅く保とうではありませんか。」（ヘブル4・14）

「信仰の告白を堅く保つ」とは一体どういうことなのでしょう。何か筋トレをするように自分の信仰を鍛え上げるということを言っているのか。何が起こっても微動だにしない信仰者になることを言っているのか。そうではない。全然違う。自分の救いは自分の内にはないということを知っているのが堅い信仰です。それがキリストの内にあるということを知っていて自分の内にはないことを喜ぶ信仰。この信仰は何があっても打ち壊すことが出来ない、誰が来ても奪い去ることのできないもの。「堅い信仰」とはそういう信仰のことです。

さて、民数記に戻りましょう。神さまは「エジプトに帰って奴隷に戻ろう」と言ったこのイスラエルに対して怒りを発せられる。イスラエルを滅ぼそうとされる。モーセがそれをとりなすわけですね。ここのところはぜひお語りしたいところなんですが、あまり長くなるのも良くないので、今日はお語りしないことにします。その代わり今週の水曜日の聖書の学びと祈り会でお語りしますので、是非皆さん、どなたでも水曜日に来ていただいたらと思います。モーセのとりなしで神さまはイスラエルを滅ぼすことを思いとどまった。思いとどまったのだけれど、やはりとても厳しいことを語られました。

「この荒野におまえたちは、屍《しかばね》をさらす。わたしに不平を言った者で、二十歳以上の、登録され数えられた者たち全員である。エフンネの子カレブと、ヌンの子ヨシュアのほかは、おまえたちを住まわせるとわたしが誓った地に、だれ一人入ることはできない。」(14・29―30)

この二人は偵察に行った12人の頭《かしら》の中で、他の頭が「あんな強い住人たちには勝てない」という中で「大丈夫だ、神さまを信じてカナンに行こう」と言った人たちです。

「おまえたちが『かすめ奪われてしまう』と言った、おまえたちの子どもについては、わたしは彼らを導き入れる。彼らはお前たちが拒んだ地を知るようになる。」(14・31)

つまり神さまに従おうとしなかったイスラエルは約束の地に入ることができないという宣言です。でもその子どもたちは入ることができると、そうおっしゃった。私たちはこういうところを読むとなんだかがっかりするんじゃないかと思うのです。「神さまは愛だ、恵みだ」と言いながら、結局は逆らった者を罰しているではないか。「従わないとこんな目に遭うぞ」と、結局は脅して言うことを聞かせようとする、そういう神さまなんじゃないかと思ってしまう。けれどもここで忘れてはならないことがある。それは、神さまには大きなご計画がある、それはイスラエルを全世界の祝福の通路にするということです。イスラエルを通して全世界が神さまを知り、神さまに立ち返り、互いに愛し合うようになる。これが神さまの大きな目的で、イスラエルはそのために呼び出された器に過ぎないわけです。もしエジプトで奴隷であった世代のイスラエルが許されてそのままカナンの地に入ったらどういうことが起こっただろうか。彼らはとても刹那的です。奴隷根性という言葉がありますが、とにかく彼らは大きなこととか、長いこととかを考えない。その日さえ良ければそれでいいと思っている。だからごちそうが目の前にあったらそれをお腹を壊すまで食べる。お酒があったら酔っぱらうまで飲む。明日どうなるか分からない、そういう生き方ですね。奴隷根性と言えばそうなのですが、彼らに欠けているのは自分たちの国を築き上げる、そのために節制して訓練をしていく、そして大きな目的のために丁寧に毎日毎日を生きて、積み重ねていくということ。彼らはそういうことから遠い人たちです。こういう人たちがそのままカナンに入っていったらどうなっていっただろうかと思います。たちまち偶像に目を奪われて「この偶像は御利益がありそうだ」と思うかもしれない。そして美しい異国の女性に目を奪われて、誘惑されて、ズルズルと偶像礼拝に取り込まれていく。恐らく戦う前に自滅していったに違いないと思います。だから神さまは大きな計画をここで行われている。二世代にわたる訓練を施すことによって、子どもたちの世代にはカナンを踏みとっていくことができるように。荒野での生活を通して、マナはとっても体にいい完全食であったに違いないので、心も体も魂も健やかに鍛え抜かれたに違いない。そして何もない荒野の中で、神さまにだけ信頼する人々を訓練なさった。これが荒野の40年なんです。ですからこれは単なるさばきではない。単なる無駄な足踏みではない。この40年はこの後の神さまのご計画のために欠くことのできない40年であった、ということを覚えていただきたいと思います。

東北の教会は厳しい状況にある。実際に存続が危ぶまれるような教会もあるわけです。でも今回本当にうれしく思ったのは、そこを守る人々の家族の中に素晴らしいことが始まっているのを見ることができたこと。東北から最近新しく牧師になった人がおります。熊本真愛教会の金田洋介という先生夫妻、ご結婚して名字が変わりましたが、佐川直美先生。この人たちは震災の後、牧師になりました。彼らは福島で礼拝を守ってきた二代目、あるいは三代目のクリスチャンです。そういう小規模な教会を守り続ける家族に囲まれて、彼らは育ってきました。何も牧師になることが最高のことだと言っているわけではありません。でも今回東北で、「ああこういう群れで、こういう家族の中で、あの熊本地震の時に地域の人々と生き生きと働いたあの先生たちが育ったんだな」、ということを見てきた。他にも私が見てこなかったことはいくらでもある。むしろ信徒たちの中に素晴らしい御業がたくさん起こっていると思います。人の目にはかろうじて存続しているように見える、そういう教会から生き生きとした信仰者が起こされている。そういう少人数での密な交わりの中で、本当に生き生きと神と人に仕えることを学んで育った人々がいるということを見ました。

私たちも毎日の暮らしの中で「私はここで一体何をやっているのだろうか」と思う時があります。何も変わり映えがしない。一所懸命やってきたけど、10年たっても20年たっても何も変わり映えがしないじゃないかと、つまらなく思う時があります。あるいは「こんなことをやっている場合じゃなくて、私にはもっと大きな使命があるんじゃないか」と思う時があるかもしれない。けれども忘れてはならないのは、神さまは時間を味方にしておられるということです。見えている私たちの一日一日、それがどんなにむなしい一日一日に見えても、そこに意味を創り出してくださるのは神さまです。私たちの、いや私たちだけじゃなく、私たちの子どもたちや私たちの孫たちみんなが関わっていくような、そういう大きな計画を、今日も神さまは進めておられます。私たちの何気ない日常、赤ちゃんのおむつを替えたり、食事を作ったり、介護の必要な家族を自動車に乗せて運んだり、そういう何気ない日常も神さまはお用いになって、私たちが今見ていない大きな祝福を作り出してくださっています。だから私たちは丁寧に一日一日を生きるのです。神さまの胸の中で丁寧に愛し合いながら、この一日を生きるということを覚えたいと思います。

短くひとこと祈ります。
恵み深い天の父なる神さま。今日こうして多くの方々と共に、あなたの御言葉を聞き、あなたを喜ぶことをゆるしてくださいましたことをありがとうございます。どうかこの一日をあなたの胸の中で、どうか本当にあなたがおられる如くに、あなたが愛しておられる如くに、まさにその通りに生きることを助けてください。導いてください。尊いイエス・キリストのお名前によって祈ります。アーメン

神のみことばに生きる幸い

聖書　民数記20章1～13節

1 イスラエルの全会衆は、第一の月にツィンの荒野
に入った。民はカデシュにとどまった。ミリアムは
そこで死んで葬られた。2 そこには、会衆のための
水がなかった。彼らは集まってモーセとアロンに逆
らった。3 民はモーセと争って言った。「ああ、われわれの兄弟たちが主の前で死んだとき、
われわれも死んでいたらよかったのに。4 なぜ、あなたがたは主の集会をこの荒野に引き
入れ、われわれと、われわれの家畜をここで死なせようとするのか。5 なぜ、あなたがたは
われわれをエジプトから連れ上り、このひどい場所に引き入れたのか。ここは穀物も、いち
じくも、ぶどうも、ざくろも育つような場所ではない。そのうえ、飲み水さえない。」6 モー

セとアロンは集会の前から去り、会見の天幕の入り口にやって来て、ひれ伏した。すると主
の栄光が彼らに現れた。7 主はモーセに告げられた。8 「杖を取れ。あなたとあなたの兄
弟アロンは、会衆を集めよ。あなたがたが彼らの目の前で岩に命じれば、岩は水を出す。彼
らのために岩から水を出して、会衆とその家畜に飲ませよ。」9 そこでモーセは、主が彼に
命じられたとおりに、主の前から杖を取った。10 モーセとアロンは岩の前に集会を召集し、
彼らに言った。「逆らう者たちよ。さあ、聞け。この岩から、われわれがあなたがたのため
に水を出さなければならないのか。」11 モーセは手を上げ、彼の杖で岩を二度打った。する
と、豊かな水が湧き出たので、会衆もその家畜も飲んだ。12 しかし、主はモーセとアロン
に言われた。「あなたがたはわたしを信頼せず、イスラエルの子らの見ている前でわたしが
聖であることを現さなかった。それゆえ、あなたがたはこの集会を、わたしが彼らに与えた
地に導き入れることはできない。」13 これがメリバの水である。イスラエルの子らが主と
争った場所であり、主はご自分が聖であることを彼らのうちに示されたのである。

先週のところで、イスラエルはもうあと一歩で約束されたカナンの地に入ることができるというところまで来ていたのに、そこから40年間荒野をさまようことになりました。この40

年の間で彼らが最も長く滞在したのが、ツィンの荒野のカデシュというところです。これは偵察隊が派遣されて引き返した辺りです。ですから最初のうちはそこからあまり動かなかったことが分かります。40年間のほとんどはそこで過ごしたようです。

しかしそのカデシュで大変悲しい出来事が起こりました。それは長年の間、ずっと人々のためにとりなし続けてきたモーセ、このモーセにとてもつらい神さまからのおことばがあったのです。モーセは本当に今まで、ただただ仕えてきた。金の子牛を造って拝んだ人々の赦しを乞うた時には「神さま、彼らを赦してください。しかし、もしもかないませんでしたら、どうかあなたがお書きになったあなたの書物から私の名を消し去ってください。私はどうなってもいい」（出エジプト記32・32参照）と言っている。私が滅びても構わない。彼はそこまでのとりなしをした。先週はいよいよカナンに入るという時、敵がいるからとたじろいだ人々に神さまが怒られて滅ぼすって言われたのに対して、「神さま、そんなことをしたら敵から『主はこの民を、彼らに誓った地に導き入れることができなかったので、彼らを荒野で殺したんだ。イスラエルの神さまはそんな神さまだ』と言われてしまいますよ」と言って、食い下がってとりなした。そういうモーセでした。ここまでモーセは神さまの怒りに対して、体を張るようにしてずっととりなしてきました。それはお人好しだったからじゃないです。

そうじゃなくて、モーセはイスラエルの民の問題を本当によく知っていた。よく知っていて、神さまの怒りもまたよく知っていて、同じ怒りを持っているんだけれども、それでも「神さま、どうか聞いてください。イスラエルには奴隷根性が染み付いているのです。彼らもやがて気がつく。重荷のために背中が曲がっているような、背骨が死んでるような奴隷の境遇から、あなたがまっすぐに立たせてくださったことにやがて気がつく。もうすでにあなたの群れの中で生きていることにやがて気がつく。だから、どうかもう少し待ってください。彼らに時間を与えてやってください。成長する時間を与えてやって欲しい」と、そのようにとりなしてきた。ところがそのモーセが、神さまからつらいことばを聞くことになりました。

「しかし、主はモーセとアロンに言われた。『あなたがたはわたしを信頼せず、イスラエルの子らの見ている前でわたしが聖であることを現さなかった。それゆえ、あなたがたはこの集会を、わたしが彼らに与えた地に導き入れることはできない。』」（20・12）

民は約束の地に入っていくが、あなたがたは導いて入ることができない、つまりモーセとアロンは約束の地に入ることができない、と言われた。理由は「あなたがたはわたしを信ぜず」って言う。「神さまを信じなかったから。」ことの始まりはいつもの通り、民の不満です。

「そこには、会衆のための水がなかった。彼らは集まってモーセとアロンに逆らった。民はモーセと争って言った。『ああ、われわれの兄弟たちが主の前で死んだとき、われわれも死んでいたらよかったのに。なぜ、あなたがたは主の集会をこの荒野に引き入れ、われわれと、われわれの家畜をここで死なせようとするのか。』」（20・2―4）

また言っている。また同じことを言っているわけです。わざとこういうことをやっているんだろうかって思いますよね。

『なぜ、あなたがたはわれわれをエジプトから連れ上り、このひどい場所に引き入れたのか。ここは穀物も、いちじくも、ぶどうも、ざくろも育つような場所ではない。そのうえ、飲み水さえない。』」（20・5）

しかし神さまはこの時、とてもあわれみ深くモーセにおっしゃいました。

「主はモーセに告げられた。『杖を取れ。あなたとあなたの兄弟アロンは、会衆を集めよ。あなたがたが彼らの目の前で岩に命じれば、岩は水を出す。彼らのために岩から水を出して、会衆とその家畜に飲ませよ。』」（20・7―8）

「水を出してあげよう」とおっしゃったのです。ところがですね、モーセは神さまが命じたことと違うことをするんですね。

「モーセは手を上げ、彼の杖で岩を二度打った。すると、豊かな水が湧き出たので、会衆もその家畜も飲んだ。」（20・11）

「口で命じよ。言葉で命じよ。岩に命じよ」と言われたのに、杖で岩を叩いた。二度叩いた。でも皆さん、「たったそれだけのことで」と思いませんか。私はそう思います。たったそれだけのことで。ここまでモーセがどれほどの痛みの中を通ってきたか。たったそれだけのことでカナンの地に入ることができないというのは、呆然とするようなところだと思います。「神さまはこんなお方なのか。ほんの少し指示されたことと違うことをしただけで、もう祝福を受けることができないのか。もしそうだとしたらなんと厳しい、というかあまりに小さな神さまじゃないか。こんな神さまなんだったら、クリスチャンはビクビクしながら生きていかなくてはならないな」というふうに思います。「自分のやっていることは神さまの指示どおりだろうか。それとも違うのだろうか。大丈夫だろうか。こんなことしたら神さまの祝福を失わないだろうか」と、そんなふうに恐れながら生きていかなくてはならないことを、聖書の箇所は私たちに教えているのでしょうか。しかし、神さまがここで問題にしておられるのは「岩を叩いた」ことではない、ということに注意する必要があります。実際民数記11章では神さまはモーセに「岩を叩け」と言っています。岩を打って水を出させるということをしているわけですよね。だからやっぱりここで問題なのは岩を叩いたということではなくて、神さまを信じなかったということ。

先ほどの12節に「しかし、主はモーセとアロンに言われた。『あなたがたはわたしを信頼せず……』」とある。神さまを信じないというのはどういうことか。モーセはまさに、今、神さまと語り合っているわけですので「神さまなんかいない」という意味で神さまを信じていないんじゃありませんよね。神さまと語り合いながらも神さまを信じていないということです。聖書が「神さまを信じる」と言う時、その意味は神さまの胸の中で生きるということ。それを「神さまを信じる」と言う。頭で分かっていることじゃなくて、神さまの胸の中で生きること、それが神さまを信じることだと言っています。だから悲しい時も神さまを信じる。神さまの胸の中で悲しむのです。喜ぶ時も神さまなしに喜ぶのではなく、神さまの胸の中で喜ぶ。怒る時も、神さまの胸の中で怒る。それが信じるということです。モーセは以前にも怒ったことがありました。これはイスラエルが「肉が食べたい」と言って泣き喚いた時です。

「モーセは、民がその家族ごとに、それぞれ自分の天幕の入り口で泣くのを聞いた。主の怒りは激しく燃え上がった。このことは、モーセにとって辛いことであった。」(11・10)

怒ったわけです。だけどここに不思議なことがある。モーセは誰に対して腹立たしく思ったのか。

「それで、モーセは**主**に言った。『なぜ、あなたはしもべを苦しめられるのですか。なぜ、私はあなたのご好意を受けられないのですか。なぜ、この民全体の重荷を私に負わされるの

郵便はがき

恐縮ですが
切手を
お貼りください

113 - 0033

東京都文京区本郷 4-1-1-5F

株式会社ヨベル YOBEL Inc. 行

ご住所・ご氏名等ご記入の上ご投函ください。

ご氏名：　　　　　　　　　　　（　　　歳）

ご職業：

所属団体名（会社、学校等）：

ご住所：（〒　　　-　　　　）

電話（または携帯電話）：　　　　（　　　　　）

e-mail：

表面に ご住所・ご氏名等ご記入の上ご投函ください。

●今回お買い上げいただいた本の書名をご記入ください。
書名：

●この本を何でお知りになりましたか？
1. 新聞広告（　　　　）2. 雑誌広告（　　　　）3. 書評（　　　　）
4. 書店で見て（　　　　　書店）5. 知人・友人等に薦められて
6. Facebook や小社ホームページ等を見て（　　　　　　　）
●ご購読ありがとうございます。
ご意見、ご感想などございましたらお書きくだされぱさいわいです。
また、読んでみたいジャンルや書いていただきたい著者の方のお名前。

・新刊やイベントをご案内するヨベル・ニュースレター（E メール配信・不定期）をご希望の方にはお送りいたします。
（配信を希望する／希望しない）

・よろしければご関心のジャンルをお知らせください
（哲学・思想／宗教／心理／社会科学／社会ノンフィクション／教育／歴史／文学／自然科学／芸術／生活／語学／その他（　　　　　）

・小社へのご要望等ございましたらコメントをお願いします。

自費出版の手引き「**本を出版したい方へ**」を差し上げております。
興味のある方は送付させていただきます。
資料「**本を出版したい方へ**」が（必要　　必要ない）

見積（無料）など本造りに関するご相談を承っております。お気軽にご相談いただければ幸いです。

＊上記の個人情報に関しては、小社の御案内以外には使用いたしません。

ですか。私がこのすべての民をはらんだのでしょうか。私が彼らを産んだのでしょうか。それなのになぜ、あなたは私に、『乳母が乳飲み子を抱きかかえるように、彼らをあなたの胸に抱き、わたしが彼らの父祖たちに誓った地に連れて行け』と言われるのですか。どこから私は肉を得て、この民全体に与えられるでしょうか。彼らは私に泣き叫び、『肉を与えて食べさせてくれ』と言うのです。私一人で、この民全体を負うことはできません。私には重すぎます。私をこのように扱われるのなら、お願いです、どうか私を殺してください。これ以上、私を悲惨な目にあわせないでください。」（民数記11・11－15）

モーセが誰に怒っているか分かりますか。神さまに怒ってるんです。「あなたはひどい、あなたは私に無理なことばかり言う。もうたくさんだ。もう私を苦しめないでほしい。殺してくれ」と言った。これには驚かされますね。聖書はつくづく不思議な書物だと思います。人が神に対して本気で怒ってるんです。その怒りを聖書は書き記している。もっと不思議なことがあります。この時、神さまがモーセを咎めていないんです。咎めないで何をしたかというと70人の助け手を与えたんです、「あなたがたった一人で負うことはなくなる」（11・17）って言ってね。神さまは、神さまに対して怒ることをお咎めにならないお方です。これが11章ですね。モーセは神さまに対して怒った、神さまはモーセを咎められなかった。今日のところでもモーセは怒ってるんですけども、誰に対して怒っているのか。

「逆らう者たちよ。さあ、聞け。この岩から、われわれがあなたがたのために水を出さなければならないのか。」（20・10）

そう言って、岩を叩いたんです。これは誰に対して怒っているかというと、人々に対して、イスラエルに対して怒っているわけです。そしたら神さまはモーセを咎めたんです。神さまに怒った時には咎めなかったのに、イスラエルに怒った時には咎めた。「モーセ、あなたは私を信じていない」と言われた。モーセは怒っている、悲しんでいる、だけどそれは神さまの胸の中で怒っているんじゃない。まるで神さまは「モーセ、あなたは私がいないかのように嘆いている。私がいないかのように怒っている。あなたはもう私の胸の中にいないのか」と、そういうふうに咎めたのです。

実は今月、新しい本の宣伝のために書評を二つ頼まれていました。一つは鎌野善三《よしみ》先生の『3分間のグッドニュース［歴史］』です。今度、装丁が全く変わり、引照している聖書の文言が「新改訳２０１７」に全部置き換わったんです。五冊セットなんですけどその一冊目が出たんですよね。その書評を書いてくれないかという話がありました。で、もう一冊、これは上沼《うえぬま》昌雄という先生が書いた本で、これまた紹介したいと思うんですけれども『怒って神に』というタイトル、副題が「ヨナの怒りに触れて」。色々考えた末、ちょっと両方は無理だなと思って、お世話になっている鎌野善三先生の『3分間のグッドニュース』の方を書くことにして、ヨナのほうは別の方にお願いした。そしたら、北海道大学の千葉 惠教授がとても良いものを書いてくださいました。

先月のファミリーメッセージではヨナの紙芝居がありましたけれども、簡単にまとめると、預言者のヨナは神さまから「敵の国であるアッシリアのニネベに行って神さまのことを伝えるように」と言われました。だけど逃げ出すんです。嫌なんです。アッシリアって敵だから。敵が助かってしまったらイスラエルが滅ぼされるから。だから逃げ出すわけです。ところが色々あって、魚に飲み込まれて、吐き出されて、やっぱりアッシリアのニネベに行くことになるわけです。そして、ヨナの宣教によってニネベは信じて悔い改めて救われたんです。そこでヨナは腹を立てます。神さまに対して腹を立てるわけです。「だから言ったじゃないか。だから嫌だったんだ。あなたはこんなことをする。イスラエルの敵を助ける」って。

そのヨナを慰めようとして神さまは唐胡麻《とうごま》という、あんまり高い木じゃないですけど、日陰になるような植物を生やしてくださった。ヨナは喜ぶんだけれども、一晩のうちに枯れてしまう。そしたらヨナはまた怒る、カンカンになって怒るわけです。すると神さまはヨナにこうおっしゃる。「この唐胡麻のために、あなたは当然のことのように怒るのか。」と。ヨナは激しく「私が死ぬほど怒るのは当然のことです」と言うんです。神に向かって「私はあなたに怒っている、私が死ぬほど神さまに対して怒るのは当然だ」と。このヨナ書というのは奇妙な書です、最初から最後までヨナが神さまに向かって怒ってるんです、そういう書です。

上沼先生の新刊はこのヨナ書がテーマなんです。先ほど申し上げたとおり、この本の書評を諦めたのは鎌野善三先生にお世話になってるからっていうのは確かにあるけれども、もう一つはね、やっぱり難しかった。神さまに対して怒るということを私自身がどういうふうに扱っていいのか、ちょっと扱いかねた。それで結局、書評は書かなかったんだけども、書こうかどうしようか悩みながらいろいろ考えたり、いろんな人と話したりしたわけです。その中で一人の人がこんなことを言ったんです。

「ヨナの怒りについて考える時に、しみじみ思うことがある。それは、私が神に怒りを向けたことがないことだ。ヨナのように神と真剣にやりとりを交わすということが自分にはなかった事実に気づかされました。理不尽に思える事柄っていっぱいある。ヨナの人生だけじゃない、自分の人生にもいっぱいある。でもそういうことに対して、神さまに怒るとか、神さまに挑むことを自分はしてこなかった。結局のところアブラハムの神、イサクの神、ヤコブの神という生きておられる神さまと本当に真剣な交わりが自分にはなかったと思う。」

そう言った人がいて、私も自分自身のことを同じように感じた。神さまに怒るほどにぶつかるということをどこか遠慮する自分がいるなって。「神さまに期待しないで諦めてしまっているところが自分にもあるな」と、そういうことを考えさせられた。でもやっぱり思うんです。そういう私だけれど、神さまに大きな期待をすることがあまりないれども、やっぱり私は変えられてるなって、少しずつ変えられていってるなって。25歳で洗礼を受けて33年経つ。やっぱりこの間に変えられてきたと思います。神さまがどれほど信頼できるお方であるかということを味わうほどに、やっぱり神さまに対して親しく真剣に交わるように変えられてきたと思う。ゆっくりですけれども。まあ自分から見てもゆっくりです。神さまから見たら本当にゆっくりだと思うんです。でも、ゆっくりとしか変わっていくことができない。私たちの中の本当に深い変化っていうのは、ゆっくりとしか起こらない。神さまが私たちを変える時、ゆっくりと変えていかれる。でも根っこから変えていかれる。みんな工事中です、私たちはみんな工事中。モーセも工事中なんです。

だから神さまの胸の中で神さまに怒った民数記11章はとても良かったわけです。でもその後にまた、まるで後戻りするかのように民数記20章があって、神がいないかのようにイスラエルの人々に怒ってるわけです。行ったり来たりだなと思うわけですけれども。工事中だからです。「手戻り」っていう言葉がありますよね。工事をしていて、何か付け間違えたりすると手戻りが発生するんです。もう一回戻ってやり直すんです。工事ってそういうものですよね。人生、何かを失敗したから、それでおしまいじゃない。何度でもやり直すことができる。神さまは忍耐強い。その失敗を通して私たちをさらに成長させてくださる。

民数記20章、モーセが約束の地に入ることができなかったところを、大体の人は深刻に考える傾向があります。約束の地というのを、それは救いのことなんだと考えたりするとモーセは救われなかったんじゃないかとか、そんなことまで考えちゃうことがあると思います。でもモーセはイエスさまが姿変わりをした山の上でエリヤと一緒に現れたわけですから、そんなことはない。モーセは救われてるわけです。また「あなたは約束の地に入ることができない」と言われた時のモーセの態度がね、「ちょっと待ってください、絶対それは嫌だ」とは言っていない。嘆くこともしていない。淡々と旅を続けていくわけです。なぜだろうと思います。それはやっぱり、モーセが神さまの胸の中で生きたから。残念に思っただろうし、悲しいと思っただろうと思うんです。でもそれも神さまの胸の中で残念に思い、神さまの胸の中で悲しみ、神さまの胸の中で受け入れた。「あなたは約束の地に入ることができない。」つらいことばですね。どんなに楽しみにしてきただろう。どんなにそのことを見たいと思っただろう。どんなにそのために苦労してきたことだろう。でも彼は「神さまが『あなたはもうここまででいい』と言われたならば私はそれでいい。それが最善のことなんだろう。私の役割が終わった後には、新しい世代の優れたリーダーを神さまが設けて、ちょっぴり疲れてしまった自分よりももっと良いことをしてくださるんだろう」と受け入れることができた。私たちの人生も、自分が使命と考えたことの全てを成し遂げるわけでは到底ないですよね。みんな「ここまでしかできない」、そういうふうに終わっていくんだろうと思うんです。でもモーセの心の中には平安があります。そしてモーセは安息に入っていったわけです。ここには神さまの胸の中で、自分にできる限りの生き方を精一杯に生きた人の平安が感じられます。実際、モーセは後継者をちゃんと育てていたんですね。ヨシュアという後継者。こうして神さまの計画は引き継がれていく。私たちも、神さまを喜び神さまの胸の中で神さまに仕えてきた。神は私たちを通して働いてくださったように次の世代を通しても働いてくださる。思い煩うことなく神に委ねて、一日一日を平安のうちに生き、平安のうちに死んでいったらいい。そのように神さまのみ手の働きを喜ぶ私たちとさせていただこうと思います。
さて、モーセが杖で打ったこの岩についてパウロが不思議なことを書いています。この時代から1500年後。一箇所開きましょう。第一コリント10章1〜4節。

「兄弟たち。あなたがたには知らずにいてほしくありません。私たちの先祖はみな雲の下にいて、みな海を通って行きました。そしてみな、雲の中と海の中で、モーセにつくバプテスマを受け、みな、同じ霊的な食べ物を食べ、みな、同じ霊的な飲み物を飲みました。彼らについて来た霊的な岩から飲んだのです。その岩とはキリストです。」

難しいところだと思いませんか。「荒野を旅するイスラエルに岩がついて来る」っていうイメージが全く浮かばないですよね。なんか童話のように、生きている岩がゴロゴロ転がりながらイスラエルについて来たのかなとか、ここを読むと妙なことを想像してしまう。あるいは岩に足が生えてでついて来るとかね。どういうことだろうと思ってしまう。でもパウロが言おうとしていることは単純なことですよね。パウロが言おうとしていることを聞くならば、パウロはただ「キリストは信じる者たちといつも一緒にいてくださる」ということを言っている。私たちが困難の中を行く時もキリストは一緒だと。私たちが、まるで水が全くない荒野にいるように感じる時、あるいは神さまの恵みが全く分からなくなってしまう時、そこにキリストがおられる。水を湧き出させてくださる。渇いた私たちを潤してくださる。だからこの箇所でパウロが語っているのはあくまでキリストのことなんです。このモーセが叩いた岩の話はどちらかと言うとキリストについて説明するために持ってきているだけで、いつもパウロの頭の中にあるのはキリスト。「あの荒野で水を出した岩があっただろう。クリスチャンたち、キリストを信じる者たちよ。キリストはそのように私たちに飲ませてくださる。いのちの水を飲ませてくださる。いのちを与え、生きるものとしてくださる。一回だけではなくて、日々、時々刻々、キリストは飲ませてくださる。」このことのたとえとして、パウロは荒野の岩の話をしているだけですよね。しかも、岩の方がついて来るんだ。こちらから水を探しに、水が出る岩のところまで行くっていうんじゃない。岩がついて来るんだ。ありえない。岩が旅しているイスラエルについて来るって、ありえない。でも、それがキリストならば本当にありえないのだろうか。

私たちの人生にも水が全くなくて「ここは死の谷だ」と思う時がある。「ここにはなんの慰めも助けもない」と思う時がある。でも、そこにキリストがおられる。十字架で打たれてくださったキリストがそこにおられる。まさにあなたが「ここには絶対キリストはおられない」と思う、まさにそこにこそキリストがおられる。あなたの信仰が立派だから、そこにキリストがおられるんじゃない。あなたにキリストを探す気力がない時も、あなたにキリストのところに行く気力がない時も、力がない時も、信仰がない時も、キリストの方があなたについて来てくださっている。そしてその十字架で打たれた傷によって、いのちの水を、救いを、信仰を、光を与えてくださっている。あなたがキリストのことを忘れていても、スタスタ歩いているようでも、キリストがあなたについて来てくださっている。だから人生が理不尽だと感じる時に、神さまに不当に扱われていると感じる時に、あるいは本当に虚しいなと感じる時に、あるいは自分など生きていてもしょうがないとそのように思う、そういう時に私たちについて来てくださっているキリストがおられる。だからそういう時にね、「自分なんかこれでしょうがないんだ」って、そういうふうに思ってはならない。「怒ったらいいよ」って。「神さまに怒ったらいいよ、キリストに怒ったらいいよ」って。「わたしに怒ったらいい、わたしを叩いたらいい」って言ってくださっている。そういう思いを持ってことばを投げかけたとしても、キリストはご自分のいのちを飲ませてくださいます。モーセに打たれた岩は水を出しました。キリストも私たちを招いてくださる。「わたしを信じてわたしにぶつかってきたらいいんだ。あなたに応えてあげる。喜んでわたし自身を与えてあげる。でも一つだけしてはならないことがある。それはわたしを信じないで、わたしに期待しないで、わたしがここにいるのに通り過ぎること。打ったらいい。叩いてもいい。でも、通り過ぎることだけは決してすることがないように。」

「みな、同じ霊的な飲み物を飲みました。彼らについて来た霊的な岩から飲んだのです。その岩とはキリストです。」（Ⅰコリント10・4）

神のみことばに生きる。このことばを信じて、このことばの通りにキリストから飲む私たちは、本当に幸いだと思います。

十字架に生きる幸い

聖書　民数記21章4～9節

4 彼らはホル山から、エドムの地を迂回しようとし
て、葦の海の道に旅立った。しかし民は、途中で我
慢ができなくなり、5 神とモーセに逆らって言った。
「なぜ、あなたがたはわれわれをエジプトから連れ
上って、この荒野で死なせようとするのか。パンもなく、水もない。われわれはこのみじ
めな食べ物に飽き飽きしている。」6 そこで**主**は民の中に燃える蛇を送られた。蛇は民にか
みついたので、イスラエルのうちの多くの者が死んだ。7 民はモーセのところに来て言っ
た。「私たちは**主**とあなたを非難したりして、罪を犯しました。どうか、蛇を私たちから取
り去ってくださるよう**主**に祈ってください。」モーセは民のために祈った。8 すると**主**は

モーセに言われた。「あなたは燃える蛇を作り、それを旗ざおの上に付けよ。かまれた者はみな、それを仰ぎ見れば生きる。」[9] モーセは一つの青銅の蛇を作り、それを旗ざおの上に付けた。蛇が人をかんでも、その人が青銅の蛇を仰ぎ見ると生きた。

受難節の第三主日の礼拝によくこそいらっしゃいました。礼拝では、民数記を続いて読んでおります。お手元に地図（119頁参照）をお配りしています。

これでちょっと今までの所を振り返りたいと思うんです。このイスラエルの人々はエジプトで奴隷になっていたんですね、そこから神さまに助けを求めて叫んだ。そこで神さまは、イスラエルをエジプトから救い出すことになさいました。それがあの『十誡』という映画などで有名な、二つに分かれた海を通ってイスラエルが救われていくという出来事です。この地図で左側のこの矢印の出発点がエジプトですね。そこからイスラエルは出発しまして、そしてシナイ半島をずっと南下してまいります。一番南にあるのがシナイ山という山です。ここで十誡を与えられる。彼らが目的地としているのは地図でいうと上の方のカナンです。このカナンに向かって、矢印はシナイ山で折り返してどんどん上の方に行くわけですが、くるっと引き返していますよね。これは彼らが「今から行く神さまが与えてくださる土地は素晴らしい土地だけども、そこに住んでいる人々がとても強そうで戦っても勝てそうにない」と恐れたために、この約束の地カナンに入ることができなかったからです。ところがそこで、事件が起こるわけです。

人々が飲む水がないと言った時に、神さまはモーセというイスラエルのリーダーに「岩に命じて岩から水を出させなさい」とおっしゃったのにモーセは杖で岩を叩いてしまいます。それは神さまの言葉通りではありませんでした。そして、モーセがイスラエルの人々に対する憐みの心を失ったような時であったために、モーセは神さまから「もうあなたは約束の地に入ってはならない、入ることができない」と言われてしまうんですね。自分たちをずっと導いてきたリーダー、モーセが一緒に約束の土地に入ることができないということを知った時に、イスラエルの人たちはどういうふうに受け止めただろうかと思います。聖書には記されていません。でももちろんそれは、イスラエルを元気付けることにはならなかったはずです。イスラエルは、モーセが自分たちともうここまでしか行くことができないんだと知った時に力を削がれ、がっかりしたんじゃないかなと思います。イスラエルの人たちというのはモーセに言いたい放題だったわけです。「あなたは荒野で殺すために私たちを連れ出したんだ」とそういうことを言うわけですよね。でも、その態度って駄々っ子がお母さんにめちゃくちゃ言うようにも見える。何をしても受け入れてくれる、許して愛してくれる、そういう存在であったように思います。しかしそのモーセが約束の地に入ることができない。これはやっぱりショックだったと思うんです。

それだけではありません。この地図をもう一回見てください。このくるっと回って引き返して、今度また下の方に降りてきますよね。本当だったら右側のエドムを通ってその上の方、約束の地に向かって行けるはずなんだけれども通れなかったんです。なぜなら「悪いことは何もしないから、ただ通るだけ通して欲しい」とエドムに頼んだんだけれども「だめだ」と断られたんですね。だから彼らはここを右に行くこともできずに、エドムの境界線に沿ってまっすぐ下に下りて行くわけです。つまり今どこを向いてるかというと、本当は北の方に上がって行きたいのに180度反対に向かっている。北に行きたいのに南に向かっているわけです。目的に背を向けて、目的からどんどん遠ざかってるわけですよね。これは本当に何とも言いがたい、彼らをがっかりさせることであったに違いありません。

でもまだあるんです。それはモーセのお兄さんアロンという人物についてです。モーセは素晴らしい指導者なんだけれど口下手なんです。口が重い。だから「神さまはこういうふうにおっしゃっています、こうしましょう」ということを皆に伝えることができない。一方、お兄さんのアロンはとても雄弁な人で、モーセが言うことを人々に分かるように、きっと大きな声で朗々と語ることができた人です。だからモーセとアロンは二人組でイスラエルを導いていました。ところがこのアロン、今日の箇所の直前、20章29節にこう書いてあります。

「全会衆はアロンが息絶えたのを知った。そのためイスラエルの全家は三十日の間、アロンのために泣き悲しんだ。」

モーセは自分たちと最後まで一緒に行くことができない。自分たちが向かっている方向は行きたい方とは反対方向。そしてモーセの片腕と言うべきアロンが死んでしまった。こういう風に次々とショックが重なったわけです。こういう状況の中でイスラエルは当然くじけるわけですね。21章5節にこうあります。

「(イスラエルの民は) 神とモーセに逆らって言った。『なぜ、あなたがたは私たちをエジプトから連れ上って、この荒野で死なせようとするのか。パンもなく、水もない。われわれはこのみじめな食物に飽き飽きしている。』」

この訳だと今まで言ってることがあまり変わらないなと思うんですけれども、聖書 新共同訳ではこうなっています。

「神とモーセに逆らって言った。『なぜ、我々をエジプトから導き上ったのですか。荒れ野で死なせるためですか。パンも水もなく、こんな粗末な食物では、気力もうせてしまいます。』」（21・5　新共同訳　傍点著者）

「気力も失せてしまいます」と言っています。大分違いますね。パンがない、水がない、マナしかない。神さまが与えてくださる食べ物しかない。そこまでは同じなんですけど、今回はもう気力が失せてしまうと感じたのです。今までは「もうエジプトに帰ろう」という気力があったんですけど、それさえ言ってない。もう、くじけて座り込んでしまう。この時イスラエルはもはや、神さまに何も期待してないんです。へたり込んでいる。動こうともしていない。約束の地のことも忘れた。イスラエルを通して、神さまが世界を祝福してくださるということも忘れた。神さまに対して泣き叫ぶことも、求めることも忘れてしまったのです。

私たちもそういうことがあります。そういう時は、自分を包んでいる失望だけが本当のことのように思えるのです。「何とか今日一日を過ごすことさえできれば良い」と、そう思うことがあります。神さまだとか永遠だとか復活とか、そんなことがみんな遠い夢のようにぼんやりとしか感じられない。そういうことがあります。私もあります。神さまとの愛の交わりがおぼろげになって失われてしまう。そういうことがあるんです。

昨日は土曜日で「一年12回で聖書を読む会」にご近所の方々が六名いらしたんです。最初は、こういうことを語ろうと予定していたことがありました。ですが実際始まってみると全然違う話になっていて、それはそれで良かったんですけど、最初に私がお語りしようと思っていたことは、イエス・キリストが私たちにどんな素晴らしいことをしてくださるか、それがいかに豊かにたくさんあるかということだったんです。

イエス・キリストは神です。その神が、神であるというそのあり方を捨てて、私たちを救うため、人となって私たちを愛してくださった。一言で言えば「救うため」なんだけれども、「救われる」っていうことにどれほど大きな、豊かな内容があるだろうか。私たちの罪を赦す。神さまから離れ、自分のことで頭がいっぱいの私たちを神が赦す。神が私たちを受け入れる。そして私たちを愛し、また私たちの愛を引き出してくださって、そういう愛の交わりに私たちを入れてくださる。神さまとの愛の交わり。そして私たちの心を開いて、他の人との愛の交わりを回復させてくださる。今まで染み付いてきた罪の習慣を癒す。私たちの中に溜まってきた恨みや憎しみ恐れ、自分を責める思い、そういうところから解き放ってくださる。そして私たちを罪に駆り立てていく過去の痛み、記憶やトラウマ、傷も癒してくださる。それればかりか私たちに永遠の命を与え、そして復活させてくださって、永遠に、神と愛する人とともに生きることができるようにしてくださる。そういう様々な豊かな救いの恵みを与えるために、イエス・キリストは人となり十字架にかかってくださったのです。

こういうふうにさまざまな大きな恵みがありますよね。今いろんなことを申し上げました。解放がある。癒しが、赦しがある。交わりの回復がある。いろんなこと言いました。でも中でもやっぱり大きなことのひとつは、愛の交わりの回復。神さまと愛し合うことができる。他の人と愛し合うことができる。これは福音の中でも、救いの恵みの中でも、とても大きなことだと思います。なぜなら神さまが私たちを造ったのは、私たちを楽しむためなんです。神さまは私たちを喜んでくださって、「あなたたちがいてくれて私は嬉しい。あなたたちといることをわたしは喜ぶ」と神さまはおっしゃってくださるのです。私たちを造ったことは神さまの喜びです。私たちが神さまの喜びです。「私なんかどうせ……。」とてもそんな風には思えない。」そういうふうに言われる方もいるかもしれない。でも聖書によるならば、私たちは神の喜び。自分でもこんな私なんか愛することができない。そう思うけれども、神さまにとっては違うんです。とても大切な私たち。

私たちはしばしば、神さまとの愛の交わりが分からなくなります。神さまの愛が分からなくなります。神さまを愛するということが、どういうことか分からなくなります。揺らいだり、迷ったりします。その時に神さまは、実に豊かな方法を用いて、恵みを用いて私たちを回復させてくださいます。働きかけてくださいます。その人その人に応じて、その時その時に応じて、神さまは無から世界を創り出すことができるお方なのです。とにかくクリエイティブです。何もないところからも創り出すことができるお方です。いろんなことを用いて、私たちに愛を気付かせてくださいます。

聖書の中には預言者エリヤと言う人が出てきますけど、この人は敵を恐れて、死にたいと思ったことがありました（I列王記19章）。その時神さまは、「恐れちゃダメだ、もっとしっかりしろ」とは言わなかった。そうじゃなくてパン菓子、これがどういうものか一度食べてみたいものだと思いますけれども、このパン菓子と水を与えて、よく休ませました。充分睡眠をとって寝ろと言ったんです。神さまはいつも「もっとしっかりしろ」と言って私たちを駆り立てているようなお方だと思わないでください。神さまは私たちが弱ってる時に無理をさせない。私たちを恵み、休ませ、そして助けを送って強めてくださる。あるいは、聖書の中にダビデと言う人が出てきます。彼は王様なんですけれども、ダビデほど神さまを愛した人はいなかったという人です。けれども晩年になってとんでもないことをやってしまう。部下の奥さんのことが好きになってしまって、不倫をする。やがて自分の部下である彼女の夫が邪魔になったので、戦争の激しい所へ行かせて、その他の人たちに「彼を置いて逃げろ」と言って、一人だけ置き去りにして敵の手によって殺させる。これはもう本当に手の込んだ殺人ですよね。大きな罪を犯してしまった。その時に神さまは、ダビデに休めとはおっしゃいませんでした。神の言葉を語る預言者ナタンをダビデのところに遣わして「あなたは罪を犯した」と指摘させたのです。ダビデはこの罪を本当に悔い改めて、そして神さまは赦した。このように、時に神さまは罪を取り扱われる。悔い改めさせて赦す。神さまが赦すというのは、本当に赦すってことですよね。元通りにする。今まで神さまの胸の中で生きた人がそこから離れてしまっていたなら、元通りに神さまの胸の中に戻って、そして愛の交わりの中で生きるようになる、そういう完全な回復を与えられます。神さまが私たちに愛を気づかせる方法にはいろいろで、実に多種多様です。神さまは大体こういうことをするんだろうと私たちが予測しても、必ずしもそうではない。もっと私にぴったりな、もっと私に必要な、その時その時に素晴らしいことをしてくださいます。

気力が失せてしまったイスラエルの人たち。座り込んでしまったイスラエルの人たち。神さまとの愛の交わりなんて何のことだか分からなくなってしまった人たち。その時神さまは実に何とも言い難いことをなさいました。

「そこで主は民の中に燃える蛇を送られた。蛇は民にかみついたので、イスラエルのうちの多くの者が死んだ。」(21・6)

「燃える蛇」っていうのは、噛まれると燃えるような痛みを与える猛毒の蛇のことです。蛇に噛まれて多くの人が死んだんです。痛みに呻きながら死んでいったんです。しかしここを読むと、私はとても納得できないなという風に思います。皆さんはいかがでしょう。これまでイスラエルを愛して導いてこられた神さまが、何でこんなことをなさるんだろう。今まで何度も何度もイスラエルを赦してこられた神さまじゃないか。もう一度赦しても良かったんじゃないか。そう思います。何でだろうか。神さまの忍耐に限界がきたのだろうか。ここまでは赦したけれどこれ以上はもう赦さんと言って、呪って投げつけるようにして蛇を送ったんだろうか。もしそうだとしたら大した神さまじゃないなと思いますよね。私たちとあんまり変わらないということになるでしょう。神は愛だって言うけどどこが愛なんだ。愛しても自分の思う通りにならなければ、結局は怒って罰を加えたりひどい目に会わせる。そういう神さまだったとしたら、それは私と全く変わらないと思う。しかし聖書をよく読むと、実はここには神さまが怒ったとは書いてない。神さまが罰を与えたとも書いていない。ある牧師がここから説教した時に「ここで神さまはただ怒ったとかそういうことじゃなく、明確な目的をもって行動された。その明確な目的とは、愛の交わりを回復することなんだ。イスラエルが神さまの愛に気付き、神さまを愛するようになるために、こういうことをなさったんだ」と言った。私は「それ、どういう意味かな」ってしばらく考えていて、なるほどと思ったんです。

思えばイスラエルはこれまでの間、神さまの恵みに慣れっこになっていたんです。これまで岩石砂漠の荒野で、いろんな危険があったわけです。いろいろな動物もいたし、燃える蛇だってここで初めて出てきたわけじゃないですね。こんな蛇なんて荒野にいっぱいいたはずなんです。でも神さまがこれまでこの燃える蛇からも、イスラエルを守ってくださっていたんです。水もない食べ物もない、そういう荒野で、マナという甘い食べ物が、それも毎日毎日新鮮なものが天から与えられ、養われてきました。いつの間にかそれを当たり前に思うようになったのですけれども、それは当たり前のことではないんです。神さまの細やかな、強い愛によって、イスラエルはここまで旅を続けてきたのです。それなのにイスラエルは、神さまが愛なきお方であるかのように振る舞ってきました。慣れっこになっていました。でも蛇に襲われた時にイスラエルは目覚めたんです。神さまは生きておられる。もう気力が失せてしまって、神さまの愛にも無感覚になっていたイスラエルの目が覚めたのです。慣れっこになっていたけれども、神さまは本当に生きておられるんだ。ドキッとするほど生きておられる。皆さんもそういうことあるでしょう。神さまは本当に生きていると知っていたけれども、やっぱりドキッとするほど生きておられる。愛してくださる。私と愛の交わりを求めておられる。荒野でもイスラエルを守り、養ってきてくださったのは、時々刻々に生きておられる神さまの愛の注ぎでした。お守りを渡して「これを持ってたら大丈夫だから」と言って、お守りだけで行けと言ったんじゃない。生きておられる神さまが、その時その時、一瞬一瞬、共にいてくださった。このことに気がついた時にイスラエルは悔い改めるんですね。

民数記21章7節にこうあります。

「民はモーセのところに来て言った。『私たちは主とあなたを非難したりして、罪を犯しました。どうか、蛇を私たちから取り去ってくださるよう主に祈ってください。』モーセは民のために祈った。」

「主」って言うのは神さまのことですね。イスラエルはここで、口から声を出してお詫びをしました。罪を犯しました、と告白しました。その罪とは神さまの愛を疑い、神さまそのものを疑ったことです。神さまのご人格というか、ご性格というか、ご性質というか、愛を疑ったことです。そのように疑ったことをお詫びしました。罪を告白した時に、神さまへのイスラエルの愛が再びここで始まったのです。愛の交わりが回復し始めました。そして神さまもこの悔い改めを受け入れてくださいました。

もしこれが私たちだったら、どうだっただろうかと思います。もし私たちが神さまの立場だったら「罪を犯したというのか。でもあなたたちは今、蛇から逃れたいと思ってごめんなさいって言ってるだけなんじゃないのか」とひょっとしたら言ったかもしれません。私たちだったら「そういうのは心の底からの悔い改めじゃないよ。また同じことをどうせやるんだろう」って言ったかもしれないですね。あるいは、私たちは自分を責めることがとても得意な人たちですから、私たちがイスラエルの立場だったらこうやって自分を責め続けたかもしれない。「私は本当に悔い改めたんだろうか。この悔い改めは本物だろうか。私は裁きが怖くて、悔い改めただけなんじゃないか。こんなことを悔い改めと呼んでいいのか。信仰と呼んでいいのか」っていう風にずっと思い続けたかもしれません。でも神さまは違います。神さまはたとえそれが浅い悔い改めであったとしても、ただ罰を免れるための罪の告白であったとしても、そこに信仰の始まりを見つけてくださいます。たとえ私たちが自分で見つけられなくても、そこに私たちの信仰の始まりを見つけ出してくださいます。見つからなかったとしても、愛の交わりの始まりを、そこに造り出してくださるのです。始まりは小さな芽かもしれないけど、どんな小さな芽であっても、神さまは見逃しません。なかったら造り出す、造り出したらそれを大切に大切に育ててくださいます。

ここで一つだけ、牧師として余計なことを言っておくべきかなって思うんです。今日のメッセージを聞いて「私の身に起こった苦しみは、神さまの裁きなんだ」と思い込んで、急いで結論をしないで欲しいということです。「自分が神さまの愛に無感覚になっているからこういうことが自分に起こったんだ、病気になったんだ、こういう悪いことが起こったんだ、これは神さまの裁きなんだ、自分を悔い改めなければならない」と、急いで結論しないでほしいと思います。私たちには分からないことがいっぱいありますよね。先週の金曜日に一人の牧師から電話がかかってきて「ちょっと相談なんだけど、先生だったらどういうふうに答える?」と聞かれました。その教会にまだ洗礼を受けていない近所の人が聖書のメッセージを聞きに来られる。先日その方から質問があった。それは「どうして神さまは東日本大震災のような悲惨な出来事を起こされるのですか」と。よく聞かれる質問です。私も「そうですね、よく聞かれますよ」と言いながらいろいろと話して、いくつかのことを「これはこういうことだね」って確認しました。その一つは、地震を神さまが起こされたわけではないですよね。神さまがそれが起こるのを止めなかったとか、許されたということは言えるかもしれません。じゃあなぜ神さまが許されたのか、それは分からないっていうのが正しい答えです。理由がないということじゃないですよ。私たちには分からないということ。私たちは神さまではない。もちろん牧師も神さまではない。だから牧師が「何か言わなければならない」と思って「分からない」という言葉を使っちゃいけないと思い込んだら、そこから全てがおかしくなっていくだろうと、そう思います。でも「え、分からないんですか?」「はい、分かりません」ということで済むかと言ったらそうじゃないですよね。分からないことは言わないでいいけれども、分かってることがある。そのことを語ったら良い。それは、神さまが愛だっていうこと。やっぱりそれは語ることができるし、語るべきであるし、語らなければならないでしょう。神さまはどんな出来事の中からも愛を造り出してくださいます。愛の交わりを生み出してくださいます。大震災の被害のただ中で、通常ではもう愛の生まれ得ないところに愛を生み出してくださいます。普通では生まれないところにどうして愛を生み出すことができるかと言えば、神さまは全てのものを造り出したお方だからです。私たちの思いを超えた、私たちの最善の知恵をはるかに超えたことを造り出すことができるお方だからです。

最後にもう一つ。大震災がどうして起きたか分からなくたってよいのです。分からないいま、その中で愛に生きたらいいのです。そうしたらきっといつか、分かってくることもあります。このことからこういうことが生まれたのか。そこにはそういう意味があったのか。地上に生きてる間には分からないかもしれないけど、多分地上の生涯が終わった後で「なるほどそうだったのか」と心の底から納得できるときが来るだろうと思うんです。それまで「納得できないから愛さない」なんていう悲しいことを言ってはなりません。愛するために、愛されるために造られた私たちですよね。神さまのなさることがなぜかというのは、私たちには分からない。今の苦しみの理由は私たちには分かりません。分かっていることは、神さまが私たちを愛の交わりに招いておられるということです。だから、神さまが私たちに悔い改めを迫られるんだったら、悔い改めてみたらいいんです。そうでなければ今まで通りに愛していけばいいのです。

今日の聖書箇所から「イスラエルの人たちが、愛の交わりを忘れていたということを悔い改めて赦された」というメッセージを聞いて「じゃあ私が今こういう困難の中にあるのは、苦しみの中にあるのは、私が愛の交わりを忘れたから、神さまが悔い改めさせようと思ってこういうことになっているんだ」って勝手に決めてはならないですよね。神さまを超えて自分を裁いてはなりません。メッセージの本筋には関係ないこと、余計なことですが、でも必要なことだと思ったので申し上げました。

さて、このように悔い改めたイスラエルに、神さまはまた不思議なことをおっしゃいました。これは本当に不思議なことです。

「すると主はモーセに言われた。『あなたは燃える蛇を作り、それを旗ざおの上に付けよ。かまれた者はみな、それを仰ぎ見れば生きる。』」（21・8）

モーセは一つの青銅の蛇を作り、それを旗ざおの上につけました。もし蛇が人をかんでも、その者が青銅の蛇を仰ぎ見ると生きたのです。実に奇妙な箇所では、と思います。猛毒の蛇にかまれたら死ぬほかないわけです。死なないで済む方法は血清注射をすることしかない、でもこの時代に血清注射なんてありません。死ぬしかないのです。それなのに神さまは、仰ぎ見れば生きるとおっしゃいました。青銅の蛇、作り物の蛇ですよね。全然意味が分らないです。現物の蛇にかまれているのに、作り物の青銅の蛇を見たら死なない、生きるなんて納得できないですよね。こういうよく分からないことが起こっているんですけれども、ここにもひとつだけはっきりしていることがあって、それは神さまが、罪人が滅びるのを望んでおられないということです。罪人、すなわち私たちが滅びるのを望んでおられない。どんなにどうしようもない罪人であっても、その罪人が滅びるのを望んでおられない。だから仰ぎ見れば生きるとおっしゃったのです。むしろこれは「仰ぎ見て生きろ」とおっしゃったということです。あなたは生きなければならない。あなたは生きたら良い。生きろとおっしゃったのです。もちろんイスラエルの人たちにも、私たちにも、何で青銅の作り物の蛇を見上げたら生きるのか分かりません。でも神さまは「分らなくても良い」とおっしゃるのです。なぜか分からなくても、理解できなくても、それでも良い。分からなくても良いから仰ぎ見て生きろ、生きて欲しいとおっしゃるのです。「青銅の蛇を見上げて、わたしとの愛の交わりに生きよ。それがわたしの望みであって、結局それを仰ぎ見ることはわたしを見上げることなんだ。わたしを見て生きろ。」神さまがそうおっしゃってくださった。

やがてこの出来事から1500年経って、イエスさまはこの出来事をご自分のこととして語られることになりました。新約聖書ヨハネの福音書3章14〜15節。ニコデモという人物が夜、人目を忍んでイエスさまを訪ねて行ったときのことです。旧約聖書が全部頭に入ってるようなニコデモに、イエスさまはおっしゃいました。

「『モーセが荒野で蛇を上げたように、人の子もまた上げられなければなりません。それは、信じる者がみな、人の子にあって永遠のいのちを持つためです。』」

ニコデモは民数記を、旧約聖書をよく知っていた人です。彼は青銅の蛇に解毒作用があるわけじゃないことなど、よく知っていました。人を救うのは何なのか。青銅の蛇ではない。神の憐れみ。神さまは私たちが滅びることを望まないんです。神さまは私たちが滅びることに耐えられない。耐えられないから、私たちが滅びないためにはどんなことでもしたいと思われる。私たちが滅びるぐらいだったら何もかも投げ出したい、そう思われる神さま。だからイエスさまは「モーセが荒野で蛇を上げたように、人の子もまた上げられなければなりません」、そうおっしゃいました。人の子っていうのはイエスさまご自身のことです。「あなた方が滅びないために、わたしは十字架にかかる」とおっしゃいました。それは信じる者がみな人の子にあって永遠の命を持つためです。「わたしはあなた方が滅びないために、十字架にかかる。わたしが十字架にかかるから、あなた方は生きろ。」そうおっしゃいました。「わたしの十字架を仰ぎ見て、あなた方は生きろ」とおっしゃった。十字架に表された神の憐れみによって生きろとおっしゃった。「十字架を仰ぎ見て、神さまとの愛の交わりの内に生きろ、永遠に生きろ」と、そうおっしゃってくださいました。

イエスさまご自身は十字架の上で「エリ、エリ、レマ、サバクタニ」「わが神、わが神、どうしてわたしをお見捨てになったのですか」（マタイ27・46）と叫んで、息を引きとられました。イエス・キリストと父なる神の間の愛の交わりは絶たれた。それは私たちが仰ぎ見て生きるためです。もう多くの言葉は必要ないと思います。互いに仰ぎ見て生きようと語り合い、神さまをほめたたえようではありませんか。

目を開かれて生きる幸い

聖書　民数記23章27節～24章25節

27 バラクはバラムに言った。「では、私はあなたを、
もう一つ別の場所へ連れて行きましょう。もしかし
たら、それが神の御目にかなって、あなたは私のた
めに、そこから彼らに呪いをかけることができるか
もしれません。」28 バラクはバラムを、荒れ野を見下ろすペオルの頂上に連れて行った。29
バラムはバラクに言った。「私のためにここに七つの祭壇を築き、七頭の雄牛と七匹の雄羊
をここに用意してください。」30 バラクはバラムが言ったとおりにして、祭壇に雄牛と雄羊
を献げた。
1 バラムはイスラエルを祝福することが主の目にかなうのを見て、これまでのようにまじ

ないを求めに行くことをせず、その顔を荒野に向けた。2 バラムが目を上げると、イスラ
エルがその部族ごとに宿っているのが見えた。すると、神の霊が彼の上に臨んだ。3 彼は、
彼の詩のことばを口にして言った。
「ベオルの子バラムの告げたことば。
目の開かれた者の告げたことば。
4 神の御告げを聞く者、
全能者の幻を見る者、
ひれ伏し、目の開かれた者の告げたことば。
5 なんとすばらしいことよ。
ヤコブよ、あなたの天幕は。
イスラエルよ、あなたの住まいは。
6 それは、広がる谷のよう、
また川のほとりの園のようだ。
主が植えたアロエのよう、
また水辺の杉の木のようだ。

7 その手桶からは水があふれ、
種は豊かな水に潤う。
王はアガグよりも高くなり、
王国は高く上げられる。
8 彼をエジプトから導き出された神は、彼にとっては野牛の角のようだ。彼は自分の敵
の国々を食い尽くし、彼らの骨をかみ砕き、矢をもって撃ち砕く。
9 雄獅子のように、また雌獅子のように、
彼は身を伏せ、横たわる。
だれがこれを起こせるだろう。
あなたを祝福する者は祝福され、
あなたをのろう者はのろわれる。」
10 バラクはバラムに対して怒りを燃やし、手を打ち鳴らした。バラクはバラムに言った。
「私の敵に呪いをかけてもらうためにおまえを招いたのに、かえっておまえは三度までも彼
らを祝福した。11 今、おまえは自分のところに引き下がれ。私は手厚くもてなすつもりで
いたが、**主**がもう、そのもてなしを拒まれたのだ。」12 バラムはバラクに言った。「私は、あ

なたが遣わした使者たちにも、こう言ったではありませんか。13『たとえバラクが私に銀
や金で満ちた彼の家をくれても、主のことばに背くことは、良いことでも悪いことでも、私
の心のままにすることはできません。主が告げられること、それを私は告げなければなり
ません。』14今、私は自分の民のところに帰ります。さあ、私は、この民が終わりの日にあ
なたの民に行おうとしていることについて、あなたに助言を与えます。」
15そして彼の詩のことばを口にして言った。
「ベオルの子バラムの告げたことば。
目の開かれた者の告げたことば。
16神の御告げを聞く者、
いと高き方の知識を知る者、
全能者の幻を見る者、
ひれ伏し、目の開かれた者の告げたことば。
17私には彼が見える。しかし今のことではない。
私は彼を見つめる。しかし近くのことではない。
ヤコブから一つの星が進み出る。

イスラエルから一本の杖が起こり、
モアブのこめかみを、
すべてのセツの子らの脳天を打ち砕く。
18 その敵、エドムは所有地となり、
セイルも所有地となる。
イスラエルは力ある働きをする。
19 ヤコブから出る者が治め、
残った者たちを町から絶やす。」
20 彼はアマレクを見渡して、彼の詩のことばを口にして言った。
「アマレクは国々の中で最高のもの。
しかし、その終わりは滅びに至る。」
21 彼はケニ人を見渡して、彼の詩のことばを口にして言った。
「あなたの住みかは堅固で、
あなたの巣は岩間に置かれている。
22 しかし、カインは滅ぼし尽くされ、

ついにはアッシュルがあなたを捕虜とする。」
23 また彼は、彼の詩のことばを口にして言った。
「ああ、神が定められたなら、
だれが生き延びられるだろう。
24 船がキティムの岸から来て、
アッシュルを苦しめ、エベルを苦しめる。
これもまた、滅びに至る。」
25 バラムは立って自分のところへ帰って行った。バラクも帰途についた。

3月の最後の主日、受難節の第4主日の礼拝に、ようこそいらっしゃいました。この40年間の荒野の旅。イスラエルはエジプトで奴隷でありました。そこから救い出されて40年間、岩石砂漠の荒野の中をうろうろとするわけです（119頁の地図参照）。エジプトから出てずっと南の方に行って、その一番南の端がシナイ山ですね。そこからずっと上がって来るわけです。上がって来るんですけれども、またくるっと引き返すわけですね。もう約束の地に近い所まで行っていながら、「恐れたため」にそこに入ることが出来なかったのです。約束の地に背を向けて、ずっとまた南の方に降りて来ます。またそこを上がって行って、モアブをぐるっと回って、ようやくたどり着いたヨルダン川を渡ってカナンに入っていくんですが、今日のところはこのモアブの平野で起こった出来事です。

　このモアブの王様がバラクです。バラクはイスラエルの大群衆を恐れ、ひとつの計画を立てました。それは、まじない師バラムに命じてイスラエルを呪わせることです。当時はみんな、まじないとか呪いは大きな力を持っていると思っていました。まじないでこのイスラエルをやっつけることができるんじゃないか、と思ったわけですね。「当時は」まじないや呪いが恐れられていました、と申し上げました。でも実は現代の日本でも、案外まじないや占いのようなことは行われていると思いませんか。たとえば最新鋭の橋を作るとか、最新鋭のコンピューターを据え付けるとか、そういうときに地鎮祭をやったりしますよね。あるいは姓名判断や風水とか、すごく人気がありますよね。また大安・仏滅というようなカレンダーの暦を気にしたりします。こういうことが21世紀の日本でも、やっぱり行われているわけです。

　ある人がおっしゃっていました。「以前は方角や日付が自分はとっても気になっていた。何か悪いことが起きないように、わりとそういうことを気にしながら生きていた。だけどイエスさまを信じてから、すべての日、すべての方角、すべての場所が、イエスさまの祝福の場所だと思うようになった。自分はいつでもどこでも、神さまの胸に抱かれているからだ。」本当にそうだと思います。

ところが、このモアブの王様バラクは神さまを知らない王です。軍事力でイスラエルに立ち向かうには全然人数が少ないというわけで、このまじない師のバラムを呼びに行きます。このバラムっていう人はずいぶん遠くにいました。「あの大河」(22・5)、つまりユーフラテス川っていうわけですから、アブラハムが最初に出てきた辺りですね。今のイラク、距離にしたら恐らく1500キロくらい離れているところです。そこまでバラムを呼びに行くことにしました。そんな遠くまで名前が知られているくらいですから、バラムは力あるまじない師としてとても有名な人だったんだろうと思います。しかし奇妙なことがひとつあります。**地図**を見ますと、この段階でイスラエルはモアブを回って通り過ぎているわけですよね。ですから、モアブと衝突するというようなタイミングではないわけです。モアブにとっての危険はもう過ぎ去っています。それにもかかわらず、モアブの王バラクはイスラエルに自分から関わり合おうとするのです。それは、恐れているからです。恐れてまともな状況判断ができないでいるのでしょう。神さまを知らないと恐れに支配されて、自分から問題を起こしていってしまう、そういうことが本当によくあると思います。

このまじない師バラムはそうやって呼ばれるわけですね。不思議なことに、バラムはしばしば神さまに祈ってみ心を聞くわけですよ。神さまを知っているんだったらなんでまじない師なんかやっているんだろうなって不思議に思いますね。しかしバラムは「工事中」、つまり神さまを知り始めている人なんです。これからどんどん知っていくんです。でもまだ途中の工事中の人です。この一連の出来事を通じて、彼は神さまをさらに深く知るようになっていきます。モアブから使いが来たとき、神さまは彼に対して最初「行ってはならない」っておっしゃるんです。ところがまたもう一度呼びに来るんですよね。そのときに今度は神さまは「行くように」とおっしゃいました。ちょっと22章20節を開けていただきましょうか。二回目に呼びに来たときにまじない師バラムは「ちょっと一晩待ってくれ」と言っています。「神さまにお尋ねするから」というわけです。

「夜、神はバラムのところに来て、彼に言われた。『この者たちがあなたを招きに来たのなら、立って彼らと一緒に行け。だが、あなたはただ、わたしがあなたに告げることだけを行え。』」

ところがですね、このまじない師バラムが出かけようとしたときに、大変奇妙なことが起こります。恐らく聖書の中でもここほど奇妙な箇所はないんじゃないかと思うぐらい、奇妙なことが起こるのです。民数記22章21~35節。

「バラムは朝起きて、自分のろばに鞍をつけ、モアブの長たちと一緒に行った。しかし、彼が行こうとすると、神の怒りが燃え上がり、**主**の使いが彼に敵対して道に立ちはだかった。バラムはろばに乗っていて、二人の若者がそばにいた。ろばは、**主**の使いが抜き身の剣を手に持って、道に立ちはだかっているのを見た。ろばは道からそれて畑に入って行ったので、バラムはろばを打って道に戻そうとした。すると**主**の使いは、両側に石垣のある、ぶどう畑の間の狭い道に立った。ろばは**主**の使いを見て、石垣にからだを押しつけ、バラムの足を石垣に押しつけたので、バラムはさらにろばを打った。**主**の使いはさらに進んで行って、狭くて、右にも左にもよける余地のない場所に立った。ろばは**主**の使いを見て、バラムを乗せたまま、うずくまってしまった。バラムは怒りを燃やし、杖でろばを打った。すると、**主**がろばの口を開かれたので、ろばはバラムに言った。『私があなたに何をしたというのですか。私を三度も打つとは。』バラムはろばに言った。『おまえが私をばかにしたからだ。もし私の手に剣があれば、今、おまえを殺してしまうところだ。』ろばはバラムに言った。『私は、あなたが今日この日までずっと乗ってこられた、あなたのろばではありませんか。私がかつて、あなたにこのようなことをしたことがあったでしょうか。』バラムは答えた。『いや、なかった。』

そのとき、主はバラムの目の覆いを除かれた。すると彼は、主の使いが道に立ちはだかり、抜き身の剣を手に持っているのを見た。彼はひざまずき、伏し拝んだ。主の使いは彼に言った。『何のために、あなたは自分のろばを三度も打ったのか。わたしが敵対者として出て来ていたのだ。あなたがわたしの道を踏み外していたからだ。ろばはわたしを見て、三度もわたしから身を避けた。もし、ろばがわたしから身を避けていなかったなら、わたしは今すでに、あなたを殺して、ろばを生かしていたことだろう。』バラムは主の使いに言った。『私は罪を犯していました。あなたが私をとどめようと道に立ちはだかっておられたのを、私は知りませんでした。今、もし、あなたのお気に召さなければ、私は引き返します。』主の使いはバラムに言った。『その人たちと一緒に行け。しかし、わたしがあなたに告げることばだけを告げよ。』そこでバラムはバラクの長たちと一緒に行った。」

どう思います、この物語。私は最初に読んだときに「聖書ってイソップみたいなもんだ、なんだ、結局は作り話なのか」と思ったんです。そもそもろばの体は人間の言葉を発するようにはできていないわけですよね。おかしいじゃないですか。それでもう聖書を読む気が半分ぐらいなくなっちゃった。ある人は「これは本当にあったことじゃないんだ」って言います。イソップ物語っていうのは寓話ですよね。寓話っていうのは教訓を与えるためのたとえ話のことです。ここもそうなんだと、そういうことを言う人がいます。私はそうは思わないんですよね。やっぱり聖書に書いてあるので、これは本当のことだと思うんです。どうしてろばがものを言うことが可能であったのか、それは私にはわかりません。けれども聖書に書いてあるから本当なんだと思います。ひょっとしたら神さまは、この一瞬だけろばがものを言えるようにされたのかも知れません。そういうことがあっても不思議じゃないと思うんですよね。神さまは何もないところから世界を造られたお方です。一時的にろばにものを言う舌をお与えになることもできるだろうとも思います。あるいは、ひょっとしたらバラムに「そういうふうに聞こえさせた、そういうふうに見させた」ということかも知れません。神さまにはそれも可能ですよね。

ろばが本当にものを言ったのか、それともまじない師バラムがろばがものを言ったように感じたのか。ここで大切なのは、聖書がこの出来事を通して私たちに語ろうとしている内容です。いつも申し上げることですけれども、聖書を読むときに大切なことがあって、それは「どのように」ということじゃなくて「なぜ」ということです。「どのように」して神さまのみわざが可能かっていうのは大したことではありません。たとえ説明されても、われわれにはきっとわからないでしょう。大事なことは「なぜ」神さまがそういうことをなさるのかということです。そして神さまの「なぜ」の答えはいつも一緒なんです。いつも、いつも、いつも神さまは「愛ゆえ」にそのことをなさるのです。神さまはあらゆることを「愛するがゆえ」になさいます。ここでもそうです。

ろばというのは当時、「おとなしいけれども愚かな動物」って考えられていました。だから誰かに「お前はろばだ」って言われるっていうことは「お前は愚かだ」って侮辱されてるってことですよね。一方のまじない師バラムは、当時世界の隅々まで名前が知られた有名なまじない師。人々が驚きの目で見るような知恵者です。ところが、愚かなはずのろばには抜き身の剣を持った主の使いが見えている一方、知恵者であるはずのまじない師バラムにはそれが見えていないのです。神さまが目を開いてくださるのでなければ、私たちは大切なことを見ることができない。神さまはモアブに出かけて行くバラムに「わたしがあなたに告げることだけを行え」と前夜に言われたわけです。でもここで抜き身の剣を持った主の使いが出てきて、同じことを言います。「あなたがわたしの道を踏み外していたからだ。」おそらくバラムの中で「神のみことばだけを語る」ことがおろそかになっていたのでしょう。だから、この絶対に忘れることができない「ろばが語る」という強烈な出来事を通して神さまは「あなたはただわたしのみことばだけを語るように。どんなことがあっても、どんな誘惑があっても、どんなに驚かされても、それを貫くように」と彼の心に刻みました。それはモアブが神さまを知り、世界が神さまを知り、またそのことを通してまじない師バラム自身もなお深く神さまを知るようになるためです。ひいては彼がまじないの虚しさを知ってそこから離れるためでもありました。こうしてバラムは「神さまのみことばだけを語る」ということを深く心に刻み、モアブに到着し、神さまが語れとおっしゃった言葉だけを語ります。

「私はどうして呪いをかけられるだろうか。神が呪いをかけない者に。
私はどうして責めることができるだろうか。主が責めない者を。」(23・8)

モアブの王バラクは、まじない師バラムにイスラエルを呪わせようとしました。まじない師には神を動かす力があると思っていたからです。お金を使ったり、圧力をかけたりしてまじない師を雇いました。神さまの力を自分が好きなように、まるで自分のしもべであるかのように使おうと思っていたのです。人間はそういうことを考えます。神の力を思いのままに利用したいと考えます。占いとかまじないなどというのはまさにそうです。占いはね、どっちかというと受け身の形で神さまの力を利用しようとします。方角とか、日付とか、姓名判断とか、なんだかよくわからないけれども神や仏の力があるらしい、それならばその力に逆らわないでうまく利用したい、と考えます。だから方角を調べるんです。姓名を調べ、そして日付を調べるわけです。そう考えると、人は案外だまされやすいです。世の中には「私には、霊的な力がある。だから私のアドバイスを聞くと、とってもいいですよ」と言ってくる人がいます。「神や仏の力をうまく利用する方法を教えてあげましょう」とか「このお守りちょっと高いけど、これを持っていると、神さまの力が注がれて、いいことがありますよ」って。そう迫られると、案外、人はだまされやすいです。クリスチャンであってもそういうところに行ってしまう人がいます。普段はそうじゃなくても、心や体が弱っているときに、神さまを信じることをやめたわけじゃないけれども「占い師にも聞いてみようかな」と心が砕けてしまうことがなきにしもあらずです。けれども神さまは、ただ力を利用する、うまくやって神さまの力を利用することを望んではおられません。神さまは私たちとの間にそういう関係を持ちたいんじゃないのです。神さまが望んでおられるのは、私たちと愛の交わりを持つことです。神さまの「力」ではなくて「お心」を知ることを望まれています。その神さまのお心を喜んで生きることもです。「神さまの力だけあったらいいです、いいことだけあったらいいです」と言うのではなく、神さまご自身を求めること、それが神さまが私たちに望んでおられることです。神さまの願い、それは私たちと愛の交わりに生きることです。だから聖書は占いを禁じているんです。

「呪い」も神さまが忌み嫌われることです。占いは受け身で神の力を利用しようとするのだと言いましたけれども、呪いの場合はもっと積極的です。神さまに頼んで、あるいは神さまに命じて、誰かに害を与えるために神の力を利用する、これが呪いです。占いよりもっと悪質だと言えるかもしれません。なぜなら、私たちが呪いたいと思う相手も神さまが愛しておられる一人ひとりだからです。その人は悪人かも知れません。悪人だとしたら、神さまはなおさらその人をあわれんでいます。その悪人の前に私たちが置かれているのは私たちがその人をあわれみ、その人のためにとりなして祈るため。そのために私たちはその人のそばに置かれています。呪うためではありません。特に、このまじない師バラムが命じられたのは

「イスラエルを呪うこと」です。イスラエルは、神さまがこの世界を祝福するためにその祝福の通路とするために置かれた民族です。そのイスラエルを呪うことを神さまがお許しになるはずなどありません。ところがこのモアブの王バラクは戸惑います。有名だといってもたかがまじない師、そのまじない師が王である自分の思うように動かないのです。王はまじない師バラムを別の場所へ連れて行きます。そこでもまじない師バラムはイスラエルを呪いません。呪うどころか祝福します。

「まことに、ヤコブのうちにまじないはなく、イスラエルのうちに占いはない。
神が何をなさるかは、時に応じてヤコブに、すなわちイスラエルに告げられる。」（23・23）

イスラエルは神の声を聞きますし、神の愛を知っています。そして神さまの胸の中で生きることを知っています。だからイスラエルには占いはありません。まじないはありません。イスラエルは「神さまの力を利用しよう」とは思いません。神さまのお心を知り、神さまと共にこの世界を回復するために働きます。それがイスラエルです。たとえ自分が犠牲を払うことになったとしても神さまのお心に生きることを願う民、それがイスラエルです。私たちも同じですよね。今日が何の日か知らないけれど、仏滅だろうが大安だろうが、私たちはいつだって変わらないで神さまの胸の中にいます。私たちの向かってる方角が北だろうが東南東だろうが、家を建てるのにどっちが吉方だとか家相がいいとか、そんなことどうでもいいのです。私たちは神さまの胸の中で進んでいきます。姓名判断がどうしたのか。私たちの名前がどんな名前であろうが、神さまが私たちの名前を呼んでくださるときにそれは最高の名前になります。神さまに呼ばれたら、それ以上の名前はありません。イスラエルにも、明野キリスト教会にも、まじないも占いもありません。それはただ「あってはならない」というようなことではなくって「ありえない」のです。

　しかしこのモアブの王バラクは、なかなかしつこい。どうしてもイスラエルを呪わせようと思ってもうひとつ、違う場所に連れて行くわけです、三か所目ですよ。なんで場所を変えるんだろうって思いますけれども、それは、「自分の思い通りの答え」が得られるまで、取っ替え引っ替え忙しく行くのです。神さまが差し出しておられる本当の愛の交わりに気づかないで見当違いのことをしているというのは、本当に虚しく気の毒なことだと思います。そういう人たちにこそ「神さまはあなたを愛しておられて、あなたに向かって交わりを差し出しておられるんだ」ということに気がついていただきたいと思います。

この三回目に面白いことが起こるんです。それまでの二回は、まじない師バラムは山の上に祭壇を築き、犠牲をささげて、それからまじないをして神さまのみ心を尋ねていたんです。ところが三回目は違っています。考えてみれば、まじない師バラムがわざわざまじないをやって、それから神さまのみ声を聞こうとしてきたんだけど、神さまがいちいちそれに答えておられたっていうのも不思議な気がしますよね。「まじないなんかやめろ」って言えば済んだかも知れません。でもバラムは、先ほども申し上げたように「工事中」なんです。神さまを知っているけれどもまじないもするという、「途中の段階」ですから、神さまは無理やりではなく、工事中のバラムが本当に神を知ることができるように、神さまと愛の交わりに入ることができるように、優しく、忍耐強く、ささやくように待っていてくださった。成長させてくださった。神さまの願いはまじないなんかではありません。バラムが神さまのみ声を聞くことです。その神さまの願いが実現したのが23章29節以下に記されています。

「バラムはバラクに言った。『私のためにここに七つの祭壇を築き、七頭の雄牛と七匹の雄羊をここに用意してください。』バラクはバラムが言ったとおりにして、祭壇に雄牛と雄羊を献げた。」(23・29)さっきの二回とここまでが一緒なんです。24章1節からが違います。

「バラムはイスラエルを祝福することが主の目にかなうのを見て、これまでのようにまじないを求めに行くことをせず、その顔を荒野に向けた。」(24・1)まじないを捨てました。大まじない師バラムが、まじないを捨てたのです。思えばこの旅の始まりから、神さまはろばを用いるという、ほとんどの人間が首をかしげるようなことまでして、バラムを成長させてこられました。バラムはついに、まじないを捨てて神の霊によって語ります。まじない師じゃなくてもう預言者なんです。「バラムが目を上げると、イスラエルがその部族ごとに宿っているのが見えた。すると、神の霊が彼の上に臨んだ」(24・2)。聖霊によって、バラムは預言者になって語りました。

「彼は、彼の詩のことばを口にして言った。
『ベオルの子バラムの告げたことば。目の開かれた者の告げたことば。
神の御告げを聞く者、全能者の幻を見る者、
ひれ伏し、目の開かれた者の告げたことば。』」(24・3―4)

目が見えるようになったのです。かつてはろばが見ているものを見ることができなかったバラムが今、目が見えるようになりました。神さまが目を開いてくださいました。目を開い

て、何を語ったのでしょうか。

「なんとすばらしいことよ。ヤコブよ、あなたの天幕は。
イスラエルよ、あなたの住まいは。」(24・5)

イスラエルのすばらしさがわかったのです。神さまが世界を祝福するために立てられたイスラエルの民の中にある恵みがわかりました。でも、聖霊によって神さまがまじない師、いや、今は預言者バラムと呼ぶべきでしょう、預言者バラムに見せてくださったのはそれ以上のことでした。

「そして彼の詩のことばを口にして言った。
『ベオルの子バラムの告げたことば。目の開かれた者の告げたことば。
神の御告げを聞く者、
いと高き方の知識を知る者、
全能者の幻を見る者、

ひれ伏し、目の開かれた者の告げたことば。

私には彼が見える。しかし今のことではない。

私は彼を見つめる。しかし近くのことではない。

ヤコブから一つの星が進み出る。イスラエルから一本の杖が起こり、
モアブのこめかみを、すべてのセツの子らの脳天を打ち砕く。』」（24・15―17）

ヤコブ、つまりイスラエル民族からひとつの星がのぼると言う。間近ではない遠い将来に、ヤコブから進み出る一つの星とは誰のことなのでしょうか。遠い将来にイスラエルから起こる一本の杖とは誰のことなのでしょうか。それはイエス・キリストなのです。なんと、バラムははるかに、イエス・キリストが世界の救い主として立てられることを見たのです。「モアブのこめかみを打ち砕く、脳天を打ち砕く」というようなことが書いてありますけれども、これは単にモアブやエドムのことを言っているのではありません。そうではなくて、モアブやエドムに働きかけて神の民、神の祝福の通路であるイスラエルに敵対する、そういう悪の力、この世界を本当に悲惨な奴隷の状態に、死と罪そして恐れの奴隷の中にとどめておこうとする悪の力のことを言っています。その悪の力そのものを十字架の上で打ち砕かれるイエ

ス・キリストを「ヤコブから一つの星が進み出る」と、預言することができました。神さまが与えてくださる最も大きな祝福を、かつてのまじない師、今は預言者とされたバラムは見ることができました。新約聖書を開きましょう。エペソ人への手紙1章15節からです。

「こういうわけで私も、主イエスに対するあなたがたの信仰と、すべての聖徒に対する愛を聞いているので、祈るときには、あなたがたのことを思い、絶えず感謝しています。どうか、私たちの主イエス・キリストの神、栄光の父が、神を知るための知恵と啓示の御霊を、あなたがたに与えてくださいますように。また、あなたがたの心の目がはっきり見えるようになって、神の召しにより与えられる望みがどのようなものか、聖徒たちが受け継ぐものがどれほど栄光に富んだものか、また、神の大能の力の働きによって私たち信じる者に働く神のすぐれた力が、どれほど偉大なものであるかを、知ることができますように。この大能の力を神はキリストのうちに働かせて、キリストを死者の中からよみがえらせ、天上でご自分の右の座に着かせて、すべての支配、権威、権力、主権の上に、また、今の世だけでなく、次に来る世においても、となえられるすべての名の上に置かれました。また、神はすべてのものをキリストの足の下に従わせ、キリストを、すべてのものの上に立つかしらとして教会に与えられました。教会はキリストのからだであり、すべてのものをすべてのもので満たす方が満ちておられるところです。」(エペソ1・15―23)

ここには、聖霊によって目が開かれた者たちが見ることができることが記されています。

「また、あなたがたの心の目がはっきり見えるようになって、神の召しにより与えられる望みがどのようなものか、聖徒たちが受け継ぐものがどれほど栄光に富んだものか、」(同1・18)

神さまが私たちに、望みを与えてくださっている。神さまが私たちに、栄光に富んだ祝福を受け継がせようとさせてくださっている。それを私たちは見ます。キリストのうちに現れた栄光を見ます。そして、教会の中に注がれている栄光を見ます。元まじない師、そして預言者となったバラムにはイエスさまのことはおぼろげにしか見えていませんでした。でもここに集った私たちにははっきりと見えています。見えているどころではありません。イエスさまが与えてくださった新しいいのちの祝福の中を、すでに私たちは生きているのです。この祝福の第一のものは神さまとの愛の交わりです。そして教会の仲間との愛の交わりです。この交わりはいつまでも続いていきます。とこしえに続いていきます。ここには何十年も礼拝に集ってきた人もいるし、最近になってから礼拝に来るようになった人もいると思います。でも、神さまはその一人ひとりに、すでにご自分との愛の交わりを始めておられます。そして始まった交わりは、私たちの目が開かれれば開かれるほど、開かれた分だけ、ますますその交わりは愛を増し加えられたものとなっていきます。今日もこのことを思い、神さまの胸の中で喜びの声をあげる私たちでありたいと願います。

逃れの神に生きる幸い

聖書　民数記35章1～34節

1 エリコをのぞむヨルダン川のほとりのモアブの
草原で、**主**はモーセに告げられた。2 「イスラエル
の子らに命じ、その所有となる相続地のうちから、居
住のための町々をレビ人に与えよ。また、その町々
の周りの放牧地はレビ人に与えなければならない。3 その町々は彼らが住むためのもので
あり、その放牧地は彼らの家畜、群れ、そしてすべての動物のためのものである。4 あな
たがたがレビ人に与える町々の放牧地は、町の城壁から外側に向かって周囲一千キュビト
である。5 あなたがたは、町の外側に、町を真ん中として東側に二千キュビト、南側に二千
キュビト、西側に二千キュビト、北側に二千キュビトを測れ。これが彼らの町々の放牧地

となる。6 レビ人に与える町々については、人を殺した者を逃れさせる六つの逃れの町が
なければならない。また、このほかに、四十二の町を与えなければならない。7 レビ人に
与える町は、全部で四十八の町で、放牧地付きである。8 あなたがたがイスラエルの子ら
の所有地のうちから与える町々は、大きい部族からは多く、小さい部族からは少なくしな
ければならない。それぞれ自分が受け継いだ相続地の大きさに応じて、自分の町々の一部
をレビ人に与えなければならない。」
9 **主**はモーセに告げられた。
10 「イスラエルの子らに告げ、彼らに言え。
ヨルダン川を渡ってカナンの地に入るとき、11 あなたがたは町々を定めて、自分たちのた
めに逃れの町とし、誤って人を打ち殺してしまった殺人者がそこに逃れることができるよ
うにしなければならない。12 この町々は、復讐する者からあなたがたが逃れる場所となる。
殺人者が、さばきのために会衆の前に立たないうちに死ぬことのないようにするためであ
る。13 あなたがたが与えるべき町は六つの逃れの町で、それらは、あなたがたのためのも
のである。14 このヨルダンの川向こうに三つの町を、カナンの地に三つの町を与えて、逃
れの町としなければならない。15 イスラエルの子ら、または彼らの間に在住している寄留

者のために、これら六つの町は逃れの場所となる。すべて誤って人を打ち殺してしまった
者が、そこに逃れるためである。
16 もし鉄の器具で人を打って死なせたなら、その人は殺人者である。その殺人者は必ず殺
されなければならない。17 もし、人を殺せるほどの、手に持てる石で人を打って死なせた
なら、その人は殺人者である。その殺人者は必ず殺されなければならない。18 あるいは、人
を殺せるほどの、片手に持てる木製の器具で人を打って死なせたなら、その人は殺人者で
ある。その殺人者は必ず殺されなければならない。19 血の復讐をする者は、自分でその殺
人者を殺してもよい。彼に出くわしたときに、殺してもよい。20 もし、人が憎しみをもっ
て人を突き倒すか、あるいは悪意をもって人に物を投げつけて死なせたなら、21 または、敵
意をもって人を手で打って死なせたなら、その打った者は必ず殺されなければならない。そ
の人は殺人者である。その血の復讐をする者がその殺人者に出くわしたときには、彼を殺
してもよい。
22 もし敵意もなく突然人を突き倒し、あるいは悪意なしに何か物を投げつけ、23 または、
人を死なせるほどの石を、よく見ないで人の上に落としてしまい、それによってその人が
死んだなら、しかもその人が自分の敵ではなく、害を加えようとしたわけではないなら、24

会衆は、打ち殺した者と、血の復讐をする者との間を、これらの定めに基づいてさばかな
ければならない。25 会衆は、その殺人者を血の復讐をする者の手から救い出し、彼を、逃
げ込んだその逃れの町に帰してやらなければならない。彼は、聖なる油を注がれた大祭司
が死ぬまで、そこにいなければならない。26 もしも、その殺人者が、自分が逃げ込んだ逃
れの町の境界から出て行き、27 血の復讐をする者がその逃れの町の境界の外で彼を見つけ
て、その殺人者を殺すことがあっても、その人には血の責任はない。28 その殺人者は、大
祭司が死ぬまでは、逃れの町に住んでいなければならないからである。大祭司の死後に、そ
の殺人者は自分の所有地に帰ることができる。
29 これらのことは、あなたがたがどこに住んでも、代々守るべき、あなたがたのさばきの
掟となる。
30 もしだれかが人を打ち殺したなら、証人たちの証言によってその殺人者を殺す。一人の
証人の証言だけで、人を死刑にすることがあってはならない。31 あなたがたは、殺人者の
いのちのために贖い金を受け取ってはならない。彼は死ぬべき悪しき者なのである。彼は
必ず殺されなければならない。32 逃れの町に逃れさせる代わりに贖い金を受け取り、祭司
が死ぬ前に、彼を帰らせて国に住むようにさせてはならない。33 あなたがたは、自分たち

のいる土地を汚してはならない。血は土地を汚すからである。土地にとって、そこで流された血は、その血を流した者の血以外によって宥められることはない。34 あなたがたは、自分たちの住む土地、わたし自身がそのただ中に宿る土地を汚してはならない。主であるわたしが、イスラエルの子らのただ中に宿るからである。」

受難節第5の主日、4月の第1主日という言い方もできますけども、聖餐礼拝にようこそいらっしゃいました。民数記は今日でおしまいです。民数記を読んできて、だいぶ民数記がお好きになられたんじゃないかなと思うんですけども、いかがでしょうか。なかなかに、神さまの恵みが迫ってくるようなところだと思います。

この35章で40年間の荒野の旅も終わりに近づいています。イスラエルはもうヨルダン川を渡る。ヨルダン川が見えている、モアブの平野にやって来た。もうここから川を渡ったら約束の地、カナンの地で新しい生活が始まる。その約束の地での新しい生活に備えて、神さまはイスラエルが聞くべきことを、ここで語り掛けられました。33章51節以下から。

「『イスラエルの子らに告げよ。あなたがたがヨルダン川を渡ってカナンの地に入るときには、その地の住民をことごとくあなたがたの前から追い払って、彼らの石像をすべて粉砕し、彼らの鋳像をすべて粉砕し、彼らの高き所をすべて打ち壊さなければならない。あなたがたはその地を自分の所有とし、そこに住め。あなたがたが所有するように、わたしがそれを与えたからである。あなたがたは、氏族ごとに、くじを引いて、その地を相続地とせよ。大きい部族には、その相続地を大きくし、小さい部族には、その相続地を小さくしなければならない。くじで当たったその場所が、その部族のものとなる。あなたがたは、自分の父祖の部族ごとに相続地を受けなければならない。もしその地の住民をあなたがたの前から追い払わなければ、あなたがたが残しておく者たちは、あなたがたの目のとげとなり、脇腹の茨となり、彼らはあなたがたの住むその土地であなたがたを苦しめる。そしてわたしは、彼らに対してしようと計画したとおりを、あなたがたに対してすることになる。』」(33・51—56)

ですからここではまず第一に、偶像を一掃する。手でつくった神や、柱や、なんやかんやいっぱいあるわけですよね。一掃する、一つ残さず一掃する。そして先住民、既に住んでいたカナン人をすべて追い払う。こう書いてあるから、「だから聖書は……、だからクリスチャンは……」と私たちはよく人から言われる。「仏教徒はみんな平和に仲良くやっているのに。全部他の宗教を一掃しろと聖書に書いてるから、あんたたちは戦争ばかりするんでしょう。」こう言われるところですよね。もちろん現代で、クリスチャン以外の人を全部追い払うとか、あるいは神社や寺を破壊するとか、そんなことをするべきじゃないです。

でも、神さまはここで何をしようとされているのか。神さまはイスラエルをとおして全世界を祝福して、全世界が神を知ることができるようにしようとしておられる。その大きな計画、大事業の基礎工事をなさっているところです。だから殺しあって相手に無理やり言うことをきかせる、当時のそういう不完全な、現代の私たちから見れば野蛮な世界の中で、神さまにはどうしても守らなければならないことがあったんです。イスラエルが偶像礼拝に傾かないこと、神を忘れないこと。それだけはどうしても譲ることができないことでした。全世界が神さまに立ち返るためには、イスラエルが神を忘れることがあってはならなかった。先住民たちが直ちに神さまに心から立ち返るならばそれが最善なんだけれども、しかし彼らもまた、すべての人と同じ罪ゆえに頑なであり従順ではない。それればかりかその後の歴史が示すように、先住民たちは隙さえあればイスラエルを誘惑し偶像礼拝に落とし入れ、また隙に乗じて全滅させようとたびたび謀《はか》るわけですよね。この世界は工事中だということをいつも申し上げますけども、そのことを忘れてはならないと思います。工事中の世界にあって、このとき思い切った土台工事が必要だった。だから神さまは喜んでこういうことをなさったわけじゃない。痛みながら、背に腹は代えられないのでこういう選択をなさった。偶像を一掃し、先住民をすべて追い払うこと、これが**第一の命令**です。

第二の命令は、イスラエルの「十二部族」で、くじを引いて住む場所を決めること。ここを言うと、「あれ、先週は違うことを先生は言ってましたね」と思うかたがおられるかもしれません。先週は占いをしちゃいかんと言っていた。占いっていうのは神さまを利用することなんです。愛抜きで神さまを利用して、この方角に住んだら得をするとか、この日に結婚したらいいとか、神さま抜きでその力だけ、得なことだけ利用する、それが占いだと。でも本当はすべての日は神さまの日なんです。すべての方角は神さまのものです。良いも悪いも何もない。すべていい日であって、いい方角で、いいところですけれども、それがわからない人たちはやっぱり占いに頼ろうとしたりする。神さまに直接聴こうとしないで、遠くから力だけ利用しようとする。そういうことを先週は言ったじゃないですか。それなのに今日はくじですか、と思われるかもしれない。しかし、このくじは、神さまへの信頼ゆえのくじだっていうことを知っていただきたいと思うんです。ここは約束の地なんです。ヨルダンの向こう側、どこに住んだって約束の地、神の祝福の地です。だからどこに住んだっていいんです。私はあそこが良いとか、いやいや私はこっちがいいとか、こっちに譲れよとかなんとか言って争ったりする必要は全くない。約束の地のどこに住もうと、神さまはあらん限りの祝福を注いでくださる。だから、神の民は争うことも焦ることも、先着順といって急いで列に並ぶ必要もない。このくじは自分の利益を求めるくじではないです。そうじゃなくて、神さまの胸の中に生きる者たちが「あなたは私も兄弟姉妹たちも、みんなを祝福してくださる。どこに住んでも祝福してくださる。だから私は、どこに住むかお委ねします。このくじで決まったところに、私は喜んであなたの祝福を信じて、そこに住みます」と、信頼を表すくじです。何を食べようか、何を着ようかと心配する必要はないんです。神さまは、その時は損したように思えても、すべてのことをまた変えて良いこととしてくださいます。

35章。ここではレビ族が扱われています。レビというのはヤコブ、別名イスラエルの12人の息子の一人です。レビ族というのは、このレビの子孫です。モーセもアロンもレビ族です。神さまはアロンを大祭司として、レビ族に代々祭司のつとめ、神さまと神の幕屋に仕えるつとめを果たさせることにしました。彼らは荒野においては会見の幕屋で、神に関わる一切のこと、礼拝に関わる一切のことを司《つかさ》どりました。民数記18章1～2節を開いてください。

「そこで、主はアロンに言われた。『あなたと、あなたとともにいるあなたの子たちと、あなたの父の家の者たちは、聖所に関わる咎を負わなければならない。また、あなたと、あなたとともにいるあなたの子たちは、あなたがたの祭司職に関わる咎を負わなければならない。また、あなたの父祖の部族であるレビ部族の、あなたの身内の者たちも、あなたの近くに来させよ。彼らがあなたに連なり、あかしの天幕の前で、あなたと、あなたとともにいるあなたの子たちに仕えるためである。』」

祭司はアロンとその子どもたち、その家系なんです。でも祭司の他にもレビ族っていっぱいいるわけです。彼らはレビ人と呼ばれて、祭司を補佐して、神さまに仕えるという仕事をすることになりました。ですから、レビ族は土地を耕したりしない。家畜を飼ったりもしない。カナンで領土の分配も受けない。なぜなら、人々がレビ人を養うんです。人々が十分の一を持ってきて、レビ人に与える。そうして彼らは生活していく。しかしそうなるとイスラエルの「十二部族」と言ってたレビ族が領土の割り当てを受けないで抜けますから「十一部族」になっちゃうわけですね。そこでヨセフの双子の息子のマナセとエフライム、この系統がそれぞれ独立するわけです。マナセ族とエフライム族。だからイスラエルの12部族が12になるわけです。ヨセフ族というのはいないんです。違う名前になっていますから。図を参照ください。(『聖書は物語る——一年12回で聖書を読む本』46頁参照)

こうしてレビ人たちは、祭司とともに、人々の罪のために、荒野の会見の幕屋で犠牲を捧げ罪の贖いをする。それを主な役目として旅を続けた。神さまはイスラエルをまっすぐ立たせてくださったのに、彼らはしばしば罪を犯してその罪によって、また罪を責める思いによってまた背中が曲がっていく。そういうイスラエルを、何度でも、何度でも、何度でも神さまの前に招いて、「あなたがたはその罪にもかかわらず、まだ神さまの胸の中からこぼれ落ちてはいないのだ」と宣言する。神さまがもう一度まっすぐに立たせてくださるという神の恵みを宣言すること。彼らはそれを大切な務めとしていました。

ところがですね、この荒野の旅はもうすぐ終わるわけです。旅が終わると、12部族はみんなカナンの地に散らばって行って、それぞれ別々のところに住むわけです。会見の幕屋はどうなるかというと、どこかにとどまるわけです。一つの町にとどまることになるわけです。ではは人々はどうやって神の恵みを聞くことができるだろうか、知ることができるだろうか。

『イスラエルの子らに命じ、その所有となる相続地のうちから、居住のための町々をレビ人に与えよ。また、その町々の周りの放牧地はレビ人に与えなければならない。……レビ人に与える町々については、人を殺した者を逃れさせる六つの逃れの町がなければならない。また、このほかに、四十二の町を与えなければならない。レビ人に与える町は、全部で四十八の町で、放牧地付きである。』」(35・2、6―7)

ですから、イスラエルがカナンの全地に12部族が散っていく、広がっていくのに応じて、レビ人たちも散っていき、「四十八」の町に住みます。なぜなら、イスラエルがいるところには必ずレビ人がいなければならないからです。イスラエルが生きているところには必ずレビ人がいて、神を指し示さなければならないからです。レビ人たちは、それぞれ遣わされた町で神の恵みを思い出させ、罪を犯した人々を神さまの胸の中に立ち返えらせるという働きを継続しました。(次頁:逃れの町の絵。https://en.wikipedia.org/wiki/Cities_of_Refuge)

この「四十八」の町の中の六つの町が逃れの町です。この絵、門なんです。逃れの町の門なのです。命からがら先頭で走っている人がいるでしょ。この人が門から今駆け込んで来たところです。後ろから追っかけて来るのが、この人を殺そうとしている人です。一番右側に

立っているのはレビ人です。手を上げてますよね。手を上げて、この追っかけて来る人に「待て！」と言ってるんです。「今逃げ込んできたこの人に手を出してはならない」って止めているんですね。逃れの町というのは、殺人を犯したけれど、殺そうと思って殺したんじゃなくて過失で殺してしまった、という人が逃れて助けられる町、それが逃れの町（35章15節参照）。

「イスラエルの子ら、または彼らの間に在住している寄留者のために、これら六つの町は逃れの場所となる。すべて誤って人を打ち殺してしまった者が、そこに逃れるためである。」

イスラエルでは、わざと人を殺した人は例外なく死刑なんです。例えば35章21節。

「または、敵意をもって人を手で打って死なせたなら、その打った者は必ず殺されなければならない。その人は殺人者である。その血の復讐《ふくしゅう》をする者がその殺人者に出くわしたときには、彼を殺してもよい。」

剣を使おうが、石を使おうが、手を使おうが殺そうと思って殺したら、それは死刑なんですよね。死刑というか、もう復讐です。残された者たちの手に任される、ということです。こういう話を聞くと、本当に聖書は困ったもんだ、となるわけです。確かに現代では死刑を廃止する国が多い。特にキリスト教国で死刑を廃止する国が多い。今からみると、これは復讐、しかも私的な復讐ですから、とても野蛮なことに思われる。でもさっきも申し上げたように、世界は工事中なんです。この当時、まずルールもなしに好き勝手に殺人を犯すことが止められければならなかった。まずそこが土台として築かれなければならなかった。

人は殺してはならない、決して殺してはならないのです。殺したらその人はもう、この世界から消し去られなければならない。この大原則がここにうち立てられているんです。野蛮なようだけれど、ひどいことのようだけれど、でもこれもまた世界を救うための神さまの愛ゆえのご命令であったことを覚えておきたい。だけど復讐も好き勝手にやってはいけない。

「もしだれかが人を打ち殺したなら、証人たちの証言によってその殺人者を殺す。一人の証人の証言だけで、人を死刑にすることがあってはならない。」(35・30)

誰かがちゃんと証言しなければいけない。「この人は殺しました、敵意を持ってわざと殺しました」と証言しなければだめなんですね。しかも一人じゃだめ。だからやっぱり、ここで正義を守るために、周到な神さまの心遣いがあったと思います。でも、誤って人を殺してしまった場合にはどうなのか。誤って殺すって例えばどういうことなのか。これがね、本当に細かく丁寧に書いてあります。22～23節。

「もし敵意もなく突然人を突き倒し、あるいは悪意なしに何か物を投げつけ、または、人を死なせるほどの石を、よく見ないで人の上に落としてしまい、それによってその人が死んだなら、しかもその人が自分の敵ではなく、害を加えようとしたわけではないなら、……」

これがあやまって人を殺すということ。とってもはっきりしてますよね。こういう場合は、人を殺してしまったとはいえ、神さまはこの人を惜しまれる。神さまは確かに殺人を根絶しようとなさるんだけども、でも事情も境遇も分からないで、顧みないで、十把一絡げに全員を殺人者として片づけるってことをなさらない。神さまは細かく私たちの事情も境遇もご存知なお方だってことを思うわけですよ。

今度は地図（次頁）を見てください。六つの逃れの町が記されています。ヘブロン、ベツェル、シェケム、ゴラン、ラモテ・ギルアデ、ケデシュ、これで六つですね。

この円は、一日かかればこの町にたどり着くことができる範囲。半径20マイル、キロメートルに直すと約32㎞です。マラソンの選手は42・195㎞を二時間ぐらいで走りますよね。ここは荒野ですからそういうわけにいかないと思いますけど、32㎞、生命を狙われている人が死に物狂いで頑張れば、一日あればたどり着ける。かなりバランスよく配置されていると思いませんか。イスラエルのどこにいても、ちょっと頑張れば何とかたどり着ける。なんか神さまって面白いですよね。ほんと丁寧というか、現実的っていうか。約束の地のどこにいても、あなたがたには逃れの町が開かれている。そういう逃れる道が開かれていた。

そうは言っても当時のことですから、殺された人の身内は、誤って殺してしまったその人を敵だと言って、身内の仇だと見なして、鬼のような形相で迫ってきたと思うんです。これ本当に怖いですよ、追っかけられたら。本当に恐怖に引きつりながら、走りに走って走り続

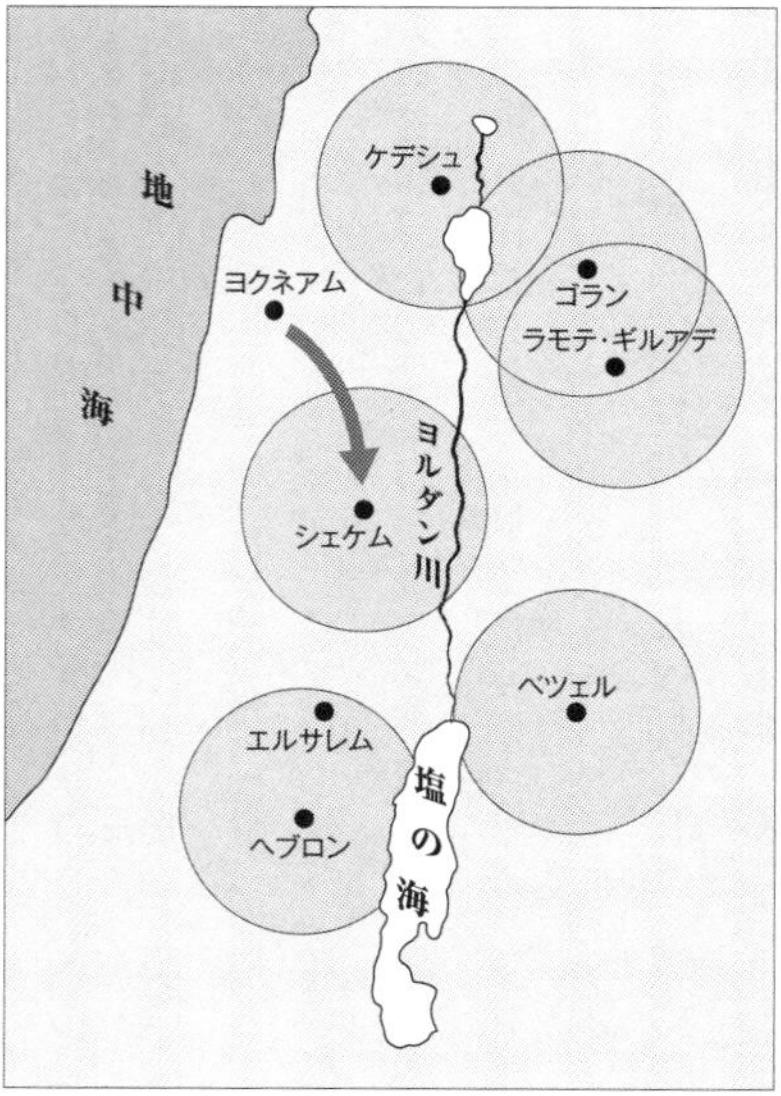

ける。心臓が破れるほど走り続けるだろうなと思うわけです。走っていると、ようやく、向こうの方に逃れの町が見えてくる。さらに走っていくと、町のほうでもきっと彼を見つけてくれるんです。見張りがいる。当時のことですから、おそらく見張りは角でできたラッパを吹きならす。そうすると、レビ人が町の門のところに現れるんです。その姿を見たときに、この殺人者はどれほど嬉しく思ったことでしょう。「あっ、あそこに救いがある。あのレビ人のところまでたどり着けば、命が助かる」と言って、中にはレビ人の腕の中で力尽きた人もいたかもしれない。よくマラソン選手でゴールに来て倒れ込む人がいますよね。ああいうふうにレビ人の腕の中に倒れ込んでしまう人もいたかもしれないですよね。力尽きて、それをレビ人が抱きとめてくれる。その人にとって、自分が抱きとめられたレビ人の腕の中は、まるで神さまの腕の中に抱きとめ

られたように感じただろうと思うんです。逃れの町に逃れることは、逃れの神に逃れるということです。神さまの恵みによって救われるということ。神さまは逃れの神です。

私たちがいろんなトラブルに、悲しみに巻き込まれる時も、神さまは私たちの逃れの神であり、逃れの場所となってくださる。ときには、あるいはしばしば、私たちは人からいわれのない非難を受けることがある。この世に生きていたらよくあることです。でも神さまはそういう時、すべての事情も状況もご存知で、私たちの逃れとなってくださる。だから、恐れてはならない。自分を守ろうとあわてて、神さまがいないかのように罵り返したり、傷つけたり、傷つけ返したりする必要は全くない。落ち着いて、神さまが全てを明らかにしてくださるのを待ったらいい。あるベテランの牧師が「だいたい10年。なんでも10年、10年経ったら大抵のことはすべて明らかになる。どんなにひどい誤解を受けていたとしても、どんなに根拠のないそしりを受けていたとしても、10年経ったら、正しいことが正しいことだとわかって、すべてが償われる。その10年が待てないか」と言って教えてくれました。人の目に10年は長いけれど、神さまの目は、すべてを見渡しておられ、その10年間も最善のこととして用いてくださる。

さて、逃れの町に囲われた殺人者は、実はそこから出ることができない。

「もしも、その殺人者が、自分が逃げ込んだ逃れの町の境界から出て行き、血の復讐をする者がその逃れの町の境界の外で彼を見つけて、その殺人者を殺すことがあっても、その人には血の責任はない。」（35・26—27）

逃れの町にずっといる間は大丈夫なんです。でもそこから出たら、殺されてもしょうがないんです。でもその後に不思議なことが記されている。28節です。

「その殺人者は、大祭司が死ぬまでは、逃れの町に住んでいなければならないからである。大祭司の死後に、その殺人者は自分の所有地に帰ることができる。」

帰ることができるという、もう彼を殺しちゃいけないんです。大祭司が死んだら、過失で殺人を犯したこの人を殺してはならない。大祭司というのは全イスラエルにひとりしかいません。最初の大祭司はアロンですね。その子どもたちが継承していく。その大祭司が死ぬのは、きっと何十年かに一度なんですよね。大祭司が亡くなると殺人者の罪の贖いは完了する。

それまでは逃れの町から出たら死が待っています。でも大祭司が死んだら、この殺人者に手を出すことが許されない。これはとっても不思議で、なんとも説明のつかないことです。まるで大祭司が殺人者の罪を引き受けて身代わりに死んだかのように、殺人者が赦されることが起こるわけです。もし殺人者を誰かが殺そうとしても、守られるんです。まるで彼が罪を犯したことがなかったかのように、殺人を犯したことなどなかったかのように守られる。むしろ、この殺人者を殺そうとする者は罰せられるんです。キリスト教会はこの不思議を「イエス・キリストこそがまことの大祭司なのだ、だからこういうことなんだ」と理解して語り継いできました。ヘブル書を開いてみます。

「この幕屋は今の時を示す比喩です。それにしたがって、ささげ物といけにえとが献げられますが、それらは礼拝する人の良心を完全にすることができません。」（ヘブル9・9）

かつてカナンの地で設けられていた幕屋も、そこで献げられていた犠牲も、そこで犠牲を献げていた大祭司、そして逃れの町や大祭司の死で殺人者が贖われるということも含めて、これは比喩なんだって言うんです。影と言ってもよい。あるいは、かたち、模型と言ってもいい。旧約聖書が模型なんです。本体は新約聖書のイエス・キリストにある。旧約聖書では、会見の幕屋で大祭司が動物をほふり、人々の罪の赦しを神に願うんです。でも、自分が罪を犯したからと動物を殺したって、そんなことで罪が赦されるわけがない。関係ないですよね。にもかかわらず、どうして人々はそこで「私の罪は赦された」と言って神に感謝を捧げることができたのか。それがイエス・キリストの十字架の模型だからです。ヘブル書は明快ですね、キリストの十字架だけが本当の救いなんだ、キリストだけが大祭司なんだと。だからもし誰かが罪を赦されたり、救われたりすることがあるとするならば、それは必ずキリストの十字架によって赦されているんだと。

大祭司の死がどうして殺人者を罪の罰から免れさせるのか。大祭司が死んだら、どうして殺人者は逃れの町から出ても殺されないのか。それは、イエス・キリストの十字架によってです。でもそうだとするならば、模型である大祭司の死でさえもそういうことであるならば、本体であるキリストの十字架はどれほどの力を持っているのか。大祭司が死んでも、過失による殺人者、わざとじゃなくて殺してしまった人が赦されるだけだった。でもキリストの十字架は、わざとであっても、わざと人を殺した人であっても、すべての罪を贖い赦すことができる。誰かに対する憎しみに駆られた人が「アイツをこの世界から完全に消し去ってやろう」と決意して、憎んで、歯ぎしりしながら、最も残酷な方法で殺人を実行したとしても、イエス・キリストの十字架はその罪に赦しを与える。

そう聞くと私たちは不満に思いますよね。そんなひどいことをする殺人者は赦されてはならない。おかしいじゃないかと思います。そう言った口ですぐ気がつくのは、私たち自身も、ある意味で殺人者なんだっていうことです。私たちはときに、思いや言葉によって殺人を犯す。「あの人なんかいない方がいいのに」と思うなら、それは思いにおける殺人。神さまが造ってくださった私たちの大切な仲間、大切な家族を「いなくなってしまえばいい」とそういうふうに思ってしまうのは、いろんな事情も境遇も原因もあるだろうけれども、やっぱり罪、しかも決して小さいとは言えない罪であるということ。

昨日の「一年12回で聖書を読む会」はなかなか面白かったです。話題になったのは「罪」です。「日本は平和だよね。国によっては戦争や犯罪が横行している。白昼堂々強盗があったり、殺人があったり、テロがあったり。それに比べると、日本人は罪を犯すことが比較的少ないかもしれないですね」という話になりかけた。しかし話しているうちに、ふと、「いじめ」の話が始まった。「でも、日本にはいじめが多いよね。」自分がいじめられないために、いじめに加わっていく。仲間を犠牲にする。そのやり方は、とってもじめじめした陰湿な、深い傷が残っていくようなやり方。いじめを苦にして自ら命を絶ってしまう子どもたちも大勢いる。そうなっても、誰も責任を認めない。親も「まあ、しばらくおとなしくしとき」って言うのか。「私がやりました、いじめました」という話はあまり聞かないですね。親もまた「いやいや、私も知らないです」って言う。そう考えていると、日本は罪が少ないどころじゃない。日本人も罪人ですよね。私たちもまたそういう罪に、加わってしまっている。いろんなことを恐れて口をつぐんでしまっている自分がいる。やっぱり罪人なんだと思います。私たちは罪人。自分かわいさに仲間を見殺しにすることがある罪人。でも、神さまはそんな私たちを愛して、惜しんでくださって、私たちが裁かれて滅びて行くことに耐えられなくて、ご自分の御子を十字架に掛けてしまわれた。そういう神さま。そういう愛の神さま。

「そして、人間には、一度死ぬことと死後にさばきを受けることが定まっているように、」

（ヘブル９・27）

罪のために裁きを受けなければならない私たち。裁かれるならば、罪ゆえに滅ばなければならない私たち。けれどもキリストは、あの逃れの町の門に立ちはだかったレビ人のように、その手を挙げて「待て！」とおっしゃる。「逃れの神に逃げ込んだこの人を滅ばしてはならない」とおっしゃる。「ここから先は行かせない。何が何でも行かせない。この罪人に、私の元に逃げ隠れ込んだこの罪人に、決して手出しはさせない。どうしても滅ぼすというなら私を滅ぼしたらいい」と言って死んでくださった。十字架で滅びてくださった。「わが神、わが神。どうしてわたしをお見捨てになったのですか」（マタイ27・46、マルコ15・34）と叫んで、滅んでくださいました。そういう神の御子イエス・キリストは私たちを救うんです。徹底的に救うんです。

「しかし今、キリストはただ一度だけ、世々の終わりに、ご自身をいけにえとして罪を取り除くために現れてくださいました。」（ヘブル9・26b）

「罪を取り除くために」という。ただ罪を赦すためだけじゃない、ただ罰を受けなくて済むっていうだけじゃない、罪を「取り除く」ために来られた。罪は私たちを縛り付ける。背骨が曲がるほどに、歪むほどに、重荷となって私たちを締め付ける。そして、愛の交わりから私たちを遠ざける。そういう罪の力から、キリストが私たちを解き放ってくださる。罪の力の支配を取り除いてくださる。今日このあと、私たちは聖餐に与ります。それはパンとぶどう汁が私たちの体の中で魔法を起こすって、決してそういうことじゃないんです。そうじゃなくて、聖餐に与るっていうことは、神さまの恵みの中に自分を投げ込むこと。逃れの町に、逃れの町を設けてくださった逃れの神の胸の中に飛び込むということ。それが聖餐に与るということである、そのことを覚えていただきたいと思います。

さて、過失で殺人を犯した人は大祭司の死後どうしたか。彼らはもう逃れの町から出ても殺されないから、そこから出て家に帰るんです。家族のところへ、そして自分の命をつけ狙っていた者たちのいるところへ帰っていく。帰った後、彼らはどのように生きたのだろうか。そんなこと聖書に書いてないけど、でも間違いなく言えることがあると思う。それは、彼らは神の恵みを語って生きたに違いないということ。「神さまは私を愛してくださった。荒い息を立てながら私の背後に追い迫ってきた復讐者の剣から、あるいはこん棒から、もしくは拳から、神さまは私を守ってくださった。私が殺されることをお許しにはならないで、神さまご自身がそこに立ちはだかってくださった。だから、みんなも知って欲しい。私たちイスラエルには逃れの神がおられる。この神をたたえよう。この神を愛そう。」彼はそう語ったに違いない。そして神のあわれみを知った者は、口で語るだけで終わらないですよね。神の憐みを生きるようになる。手を開いて貧しい者に与え、また自分に害を与えるものを赦し、諭し、時には叱って「あなたもこの逃れの神を見よ」と言って神を指し示す。罪を犯した者がいるならば「あなたには逃れの神がいるではないか」と悔い改めに導く。そういうふうに生きたんだろうと思うんです。私たちもこれから、それぞれの置かれている場所に遣わされていきます。そこで私たちは逃れの神とともに、憐みの神とともに生きていく。そこで私たちは逃れの神を指し示し、そしてあわれみの神さまを真似て生きていきます。

キリスト教会は「幸いなる罪人」という不思議な表現を用いてきました。罪人がどうして幸いなのか。それはイエスさまが「わたしは正しい人を招くためでなく、罪人を招くために来たのです」とおっしゃったからですよね。逃れの神が私たちを招いておられるんです。招きに応じた者を赦してくださるんです。もう読まないですけどもルカの18章、パリサイ人と取税人のたとえを後で読んでいただきたいと思います。罪を悔い改めるとき神さまに出会うことができる、逃れの神の胸に抱かれることができる。今、悔い改めて、聖餐に与ろうではありませんか。

焚き火を囲む校正者のおまけ集——解説に代えて

山田風音

前巻同様、私が校正のお手伝いをしながら大頭先輩に「おまけ」として書き送った「感想」をまとめたものです。純粋に「おまけ」として読んでいただければ幸いです。もしよろしければ、機会があれば、焚き火を囲んで読者のみなさまの感想も率直にお聞きしたいです。またもちろん大頭先輩にも説教の裏側を語っていただきたくも思います。こうして、説教が単なる「一方通行」に終わることなく、聞き手も含めた「教会の業《わざ》」になっていけばよいなぁと思っています。

ゴッド・ブレス・ユー!

「ハッとして、ホッとする」は名言ですね。スッと心に沁みます。そして事実、本当にそうだなぁと実感します。自分自身の弱さやずるさ、姑息さに直面させられるとき、そしてその奥にある言葉にならないドロドロとした囚われや呪いに気が付くとき、やっぱり自分を責めたくなります。反省します。「どうしたらこうならなくて済んだのだろう」と心の内で自動的に反省会が始まります。でも神さまは誰かを通して、何かを通して、出来事を通して「そんなこと最初から知っててあんたを救ったんや」と語ってくださる。そこに「ホッと」安心します。そしてまた、ああ神さまが受け入れてくださっているのなら、と自分自身を受け入れることができるように、少しずつ、なっていきます。そして先輩も「もし自分がキリストを知らなかったら……」と語ってくださいましたが、そもそも自分の弱さや欠けにハッとできること自体の中に、すでに御顔《みかお》（神さまのこと）の恵みがあったのだということも後からわかってくる気がします。（何度このプロセスを経験しても、渦中にあるときには見えないんですよね……）

祝祷が「宣言」であるというのは、意識したことがありませんでした。先輩が指摘してお られるように私も「……ように」という訳文に引きずられていたと思います。でも訳文だけの問題ではなくて、私たちの内にどこか「宣言」を「祈り」あるいは「祈願」に引きずり下ろしてしまうものがあるのだと思います。どうしても「祈り」のように理解した方が私たちの性質と合うのでしょう。「こんな私が守られてる？　恵まれてる？　シャロームもらってる？　そんなの信じがたい。それはがんばって祈った人に、必死に願った人に与えられるものに違いない」と。あるいは「神さまは気が向いたら、その時が来たら与えてくださるんだろう、でも今じゃないよね」という心の声もありそうです。でも毎週祝祷を受ける度に「これは宣言だ」と思い出せるなら、それは恵みの機会ですね。「すでに、今ここに」の恵みにとどまることの難しい私たちに与えられている大切なリマインダー（備忘）として、心して受けたいものです。

あなたは世界の祝福となる

最終段で宣教について語られているところに心が震えました。成果を勝ち誇ったり裁きで脅したり、そうではない、私たちが愛に成長し続け置かれたところで愛し続けることによって、神さまのみ業《わざ》は宣べ伝えられていく。

今思い返せば、キリスト者家庭に育った私は「宣教シンドローム」にかかっていたように思います。「この世は必ず滅びる、だからこの世と関わるどんなことも最終的には無意味だ、ただ重要なのは一人でも多くのたましいを『救う』ことだ」と、乱暴にまとめればこんな考え方でした。そして一人として多く「救う」ためならば（「勝ち取る」という言葉を使うこともありますね）、愛の行いだけでなく相手をねじ伏せる論証、地獄と裁きの教理による脅迫、ちょっと話を盛った証《あかし》とかもアリではないか。動機が正しいのだからと、どこかで正当化していたように思います。でも、そんなことはおかしいというのも、心のどこかでずっと感じていました。そしてその「宣教シンドローム」は私の神観や世界観、精神衛生に大きな影響を与えていたように思います。

神さまは人生の痛みを通して、本当に大変でしたけど、そこから私を導き出してくださいました。でも、じゃあ本当の宣教って何なんだろう、という問いに自信のある答えは実はまだ、私の中で出ていません。ただ今回の説教を読ませていただきながら、おぼろげながらも「こういう宣教なら私も関わりたい、加えていただきたい」と思いました。「正しさを押し付けたり脅迫するような神さまではなく、こういう神さまなら自分なりにでも伝えたい」と。赦され、癒やされながら愛を加えていただく者の一人としていただきたいと、祈ります。

祝福の旅に出よう

今回は全編通して体言《たいげん》止《ど》め（語尾を名詞・代名詞などで止める使い方のこと。）多めで、韻文のような印象を受けました。やっぱりこういうのは「書き起こし」ならではの良さですね。珠玉の一編だなぁと思いながら校正させていただきました。前半の、ロードムービーからイスラエルの旅路を想起するあたりも、終盤の「み思い」についてのくだりもなぜだか「美しさ」さえ感じました。

「み心」と「み思い」をわかりやすく解いてくださる文章は、実はありそうでないかもしれません。そういう意味で、先輩は今回よく就活の例話を使っておられますが、これからたくさんの選択を迫られていく若い信仰者たちにこの一編だけでもコピーして配ってあげたくなります。私自身も青年期はずいぶん典型的な「み心教信者」だったと思います。信仰とはまさに「カーナビ」のように道筋を指図してくるようなものだとイメージしていました。でもいろいろ挫折する中で、信仰とはカーナビではなくて「免許証」なのだ、と理解を変えていただいてきました。「海でも山でも、好きなところに行きなさい、どこへ行っても私はあなたに素晴らしい祝福を準備してあるから。その代わりちゃんと交通ルールは守ること」

という感じ。

私たちは「み心」に束縛されるのではなく、「み思い」から自由に発想しチャレンジする存在。「長いものには巻かれろ」という日本社会の中で真に自由なクリスチャンに変えられていくことは本当に大きなインパクトになると思います。そう思いつつ、祈りつつ、地方都市新潟でがんばります。(笑)

あなたにほんとうの祝福を

「すべてのことを、不平を言わずに、疑わずに行いなさい」(ピリピ2・14)なんかを引き合いに出して、ただただロボットのように、機械のように、自分を押し殺して「自我を磔殺《たくさつ》(はりつけにして殺すこと。)して」(もう古語かな?)従うのがキリスト者だ。そんな風にどこかで教えられ、どこかで誤解しやすいなぁと思います。あるいはそのようにみんなが誤解していた方が教会という組織の統制が取りやすくなる、ということはあるのかも。まさに今回語られたイスラエルの民のように、知らず知らずのうちに神さまと共に歩まない文化や風潮に引きずられてしまう私たち。

でもモーセが神さまの胸の中で嘆き悲しみ絶望した。聖書がそれを肯定している。神とともに歩む祝福というのは機械のように冷たく画一的なものではなくて、本当に動的でダイナミックなものであると描き出してくださり、よどみがちの心に爽やかな風が吹き込むような思いがしました。

またも個人的なことで恐縮ですが、私も神さまに「殺してください」と祈ったことがありました。でもそうやって祈ることができた瞬間、なぜだか神さまとの深い絆《きずな》を感じました。「あぁ、こう叫んでも良い関係が与えられているのだ」ということを始めて会得《えとく》しました。先輩の言葉を借りればまさにそのとき、神さまの胸の中で嘆き悲しむことができたんだと思います。今でもその瞬間ははっきりと覚えています。そんな自分の昔の姿を重ねてしまいました。まとまらずすいません。

謙遜に生きる幸い

私たちが簡単に誤解してしまう「謙遜」ということを「他者との比較ではなく、神さまの胸の中で生き、神さまのお心を行う」と語り直してくださったのだと感じます。そう、クリスチャンが「謙遜さ」を大事にするあまりに、積極的に人々や物事と関わりこの世界とがっぷり四つに組み合っていくことから逃げてしまうことがあるのだと思います。

私にもあります。先日、友人とＬＧＢＴＱ（Lesbian（レズビアン、女性同性愛者）、Gay（ゲイ、男性同性愛者）、Bisexual（バイセクシュアル、両性愛者）、Transgender（トランスジェンダー、性自認が出生時に割り当てられた性別とは異なる人）、Queer や Questioning（クイアやクエスチョニング）の頭文字をとった言葉）について話していて「黙って様子を見ていたい」という私に対して「黙認は結局差別の容認に他ならない、これは人権の問題だよ」と手厳しい、しかし愛ある指摘を受けました。「黙っている」ことは謙遜に見えるかもしれないけれども、結果として神さまのお心には沿わないのかもしれない。自分は何を語るべきなのか、どのような声を出すべきなのか、考えているところです。本当の意味で「大胆に謙遜に」生きたいと、この説教を通して背中を押された気がします。

あとは細かいところですが、小平牧生先生の説教集を「聞く」という言い回しが出てきましたが、実際は「読んだ」のだと思うのですが、先輩がどのように説教と向き合っておられるか、その姿勢が滲《にじ》んでいるようで素敵だなぁと感じました。

また終盤で「神さまにはできないことは何もない」と語られています。先輩があまりお使いにならない表現なので少しびっくりしました。この言葉が講壇から語られる時、私なんかは歪んでいるので、若干「脅迫」の響きを聞くことが多いのですが、先輩がそうではなくて、励まし、奨励の言葉として「神さまにはできないことは何もない」と語られているのがよく分かりました。怖い言葉、危ない言葉でもあります、しかしそれを愛をもって、励ましのために用いることができるのだと教えていただいた気がしました。

神がともにおられる幸い

先輩の説教を読みながらいつも思うのですが、先輩は「信仰」という言葉の再定義を、神学の論ではなくて信徒の日常のことばでなされようとしておられるようです。今回の説教の中では「信仰とは神に愛されているというそのままを生きること」、「自分の救いは自分の内にはなくてキリストの内にあることを知っているということ」と語ってくださいました。ああ、そうだった、そうだったと心に染みます。

名古屋から新潟に移り住んで、東北という地でクリスチャンとして生きることは本当に並大抵のことではないのだと少しずつ分かってきました（ちなみに新潟は東北に分類されるときとそうでないときがあります、電気は「東北電力」です）。この地に教会が根を下ろしている、細々とでも存続していること自体がすごいことだと、肌で感じます。周りの人々の目を常に意識させられます。だからどうしても「立派で」「尊敬されて」「不動で」……と、他者から見てちゃんと格好がつく信仰を掲げたくなってしまう。そして「私の信仰はこれでいいのだろうか」と自問してしまう。逆に言えばこの厳しい地でそれだけ誠実に、真っ当に信仰に生きようとすればこその自問かもしれません。

先輩は、信仰とは今、ここで、何気ない日常の中で神さまが確かに大きな祝福を生み出してくださっていることを信じることだとも語ってくださいます。毎回そう言われます。どうか信仰に生きようとする、真っ当に神さまに応えようとする一人ひとりを、特にこの東北において召し出されているお一人お一人を覚えてください。お一人お一人が今日、今、ここにともにいてくださるあなたの励ましを十分に、十二分に感じることができますように。

神のみことばに生きる幸い

神さまと共に歩む人生は、ぶつかり稽古の人生なのですね。まさに神の胸を借りる生き方。先輩のよく使われる「神さまの胸の中で」というフレーズからはどちらかと言えば母性的なニュアンスが感じ取れるのですが、同時にまた神さまの胸はがっしりしていて盤石で、私たちが怒り狂って全力疾走でぶつかって行っても、ひるむこともなくそれを「ばちーん！」と受け止めてくださる。そしてまさに親方のように「そうだ！そうやってぶつかるんだ！」と稽古を付けてくださる。

以前シェアハウスで働いていて感じたのですが、そういう衝突を巧妙に避け、波風立たぬように生きる人たちが特に世代が下る毎に増えているように思います。かくいう私自身、気が付けばぶつかること、異を唱えること、けんかすることを無意識のうちに避けて、いろんなドロドロを自分自身の内に押し込めてしまう傾向があるなぁと思います。そして「不和も喧嘩も衝突もない綺麗な信仰」を保とうとしてしまう。そういう世代に対して聖書の対神関係のダイナミズムは、これまで以上に大きな意味を持つように思います。

「約束の地に入れない」ということばを悲しみつつ、でも淡々と受け入れたモーセ像は爽やかですね。そして肩の荷がふっと下りる気がします。どこかで「私たちこそ約束の地に入るんだ」と思い力んでしまっている自分がいる、でもそもそも神さまと共に歩む旅路自体が祝福であり報酬。モーセはそれを知っていたからこそ、爽やかに神さまのおことばを受け入れ、そこですねることも腐ることもせず最後まで神さまとの歩みを続けた。その姿に、考えさせられます。

十字架に生きる幸い

中盤に挟まれている「牧師としての余計なお世話」は、「余計だ」とは全然感じませんでした。メッセージが聞き手に正しく受け取られるための大切な「注意書き」。なんだか薬の箱に入っている「このメッセージは用法・用量を守って正しくお使いください」という説明書を思い出しました。考えてみれば、このメッセージに限らず聖書自体に言えることかもしれません。個人の歩みの中でも、また世界の教会史の裏側でも、聖書を濫用してしまうということが多々あることを思います。大切な部分を抑えてくださっていることに感謝です。よく読めばそれは「先週の金曜日に牧師の仲間から電話で相談があった」ところから想起されたようです。そこにメッセージが練られ語られる中にある神さまのお導きみたいなものも感じることができました。

また今回のメッセージを読みながら、青銅の蛇事件の現場に誘っていただき、その「不思議さ」を感じさせていただけたことも大切な体験でした。新約聖書から「あれはキリストの型」という理屈を学んでしまっているので、これまでは青銅の蛇事件も「そんなことあったんだね〜、もう私はその意味分かってるもんね〜」とするっと読み飛ばしてしまっていたような気がします。でも先輩が描きだしてくださったように、当時の人々にとってはただただ「不思議」でしかない出来事。そして、その不思議さをキリストの恵みに生きる私たちに再び還元してくださる。あの事件の現場に行って帰ってくると見える世界が変わっている気がしました。そして先輩を通して神さまが連呼してくださった「生きよ！」という叫びがまだ心の中でこだましています。

目を開かれて生きる幸い

この説教集は、書かれたものではなくて実際に語られた言葉を大切にするということで「？」や「！」は極力使わないように、使わなくてもいいように校正をさせていただいていますが、今回は思わず「！」って付けたくなる所がいっぱいで圧倒されながら読みました。「大まじない師バラムが、まじないを捨てたのです！」「まじない師じゃなくてもう預言者なんです！」「目が見えるようになったのです！」「はるかに、イエス・キリストが世界の救い主として立てられることを見たのです！」

もちろん聖書そのものが「！」を連発すべき、驚くべきことを書いているのですが、先輩自身が聖書の「！」に感染してしまって、それが聴衆にも感染していく様子がありありと目に浮かびます。もちろん、文字を通して私にも感染しました。

これが説教の本質の一つなのだなあと思わされました。つまり、単なる情報ではなく、教理でもなく、神の「！」を伝え合っていく。頭にあるものだけではなくて心にあるものが流れていく、感染していく。そんなことを感じさせてくれる一編でした。

まじないやうらないについて「それはただ『あってはならない』というようなことではなくって『ありえない』、そもそもありえないのです」と語ってくださいましたが、信仰者家庭に育つ中で圧倒的に「あってはならないのだ」と教えられてきたような気がします。まじないや占いに限らず、生活のいろんな分野に「あってはならない」がある。自分で選び取ってそうなったと言うよりは、単に教えられてきたからダメだということがたくさんある。でも先輩が語ってくださった、神さまのバラムへのお取り扱いのおおらかさ、優しさ。「工事中」「途中の段階」でじっくりと取り扱ってくださる神さまのお姿は「あれはダメ、これもダメ」と言われやすいクリスチャン子弟にも大きなヒントになると感じました。

逃れの神に生きる幸い

「信仰」というとどこか「強く、正しく、勇ましく」と思うところがあるかもしれません。もしかしたら世間では「信仰者」ってそういう風に思われているところもあるかもしれません。教会の中でも「逃げる」ことを良しとしない雰囲気があるかも。でもあえて民数記は「逃亡者」を取り上げ、先輩も「逃亡者」としての私たちの姿を描いてくださいます。あ、信仰ってこういう側面もあるんだってハッとさせられます。

先輩は今回の説教の中でいじめを足がかりに、私たち、特に日本人の心の闇をふっと映し出しておられます。冒頭でいわゆる「聖絶」の問題を取り上げて「現代の私たちから見たら野蛮な世界の中での思い切った土台工事」と説明されますが、私たちの社会も、私の心も十分野蛮かもしれません。一見その野蛮さが見えない、意識されない、巧妙に隠されているだけ、余計にやっかいなのかもしれません。でもいじめ問題のように、ふっと目をやれば沈黙で人を死に追いやる野蛮な社会があって、それにいとも簡単に加担する野蛮な私がいる。読みながら私自身が昔どうしようもない怒りと絶望に囚われたときに「条件さえ揃えば自分も人を殺しかねない人間だ」と痛感した瞬間を思い出しました。
しかし、だからこそ、そこから逃れの神のお姿がありありと、眼前に立ち現れるように感じました。「罪が増し加わるところに恵みも増し加わる」と言われますが、先輩が心の闇をチラリと垣間見させてくださったからこそ「逃れの神」が「私をかくまい、守ってくださるお方」として立ち上がってきました。「逃げてこい」と言われる神。世の誤解からも、責め立てる思いからも、自分の心の闇からも「逃げてこい、逃げて良い」と呼びかけてくださる神。説教を通して神にお出会いするという体験を、またもさせていただきました。「逃亡者のその後」の余韻を残す心憎いエンディングにも自らを重ねました。

（ライフストーラー企画社主）

中道平太（なかみち・へいた）
幸せになりたかったら、猫を飼いなさい。もっと幸せになりたかったら、釣りを始めなさい。この2つの共通点は、入念な下調べと計画が必要なこと。長く続けるコツは、願った結果が得られなくても仕方ないと諦められること。「そんなうるさいバイクで来るとは思わなかった」と言われたことがあるので「どなたでもお越しください」という教会の案内は信用しない。

［さし絵］早矢仕“じょ〜じ”宗伯（はやし・ひろたか）
「New Creation Arts Movement イエスの風」フリーランス牧師画家。1965年生まれ。京都出身。18歳の時、イエスに出会い、その生き方に憧れ、イエスのFollower（クリスチャン）となる。1993年より日本福音自由教会の牧師として埼玉、東京の教会で働く。2017年、フリーランス牧師画家となり活動を開始。アート、生き様を通してイエスを表現し、神の国の訪れを宣べ伝えようと奮闘中。
● https://www.windofjesus.com
現在、キリスト教放送局FEBC「Session~イエスのTuneに合わせて」番組担当。
● http://netradio.febcjp.com/category/music_talk/sess/

の教会員。母、妻と三人暮らし。一男一女、孫が二人。趣味は俳句。

栗田義裕（くりた・よしひろ）
静岡県静岡市生まれ。18歳の時に仙台で信仰に導かれ、仙台バプテスト神学校卒業後に石巻で7年間、開拓伝道に従事。その後、仙台の八木山聖書バプテスト教会で30年間牧師として奉仕。65歳を機に退任し神学校教育、被災地での後継者育成の分野で奉仕。家族は妻と一男二女、孫が4人。趣味はサッカー観戦とカップラーメン。

田中 殉（たなか・もとむ）
1980年、新潟県生まれ。国際基督教大学教養学部教育学科卒業。教科書の出版社勤務を経て、東京基督神学校に学び、2008年から久遠キリスト教会伝道師、2017年より同教会関西集会牧師。日頃気をつけているのは、「正反対の内容でもよくよく聞いてみると、同じことを言っている」ということ。幼稚園の父親仲間とおやじバンドをお休み中。
https://www.kuon-kansai.org

前田 実（まえだ Morrow みのる）**【写真も担当】**
最初の誕生日：1953年7月、三重県鳥羽市にて母の第三子出産記念日。二番目の誕生日:1993年12月、日本福音ルーテル知多教会にて明比輝代彦牧師より受洗。三番目：2016年8月、心室細動にて心停止後蘇生。1999年パソコン通信の仲間たちと超教派賛美CD『UNITY』をヨベル社から発行。2014年日本イエス・キリスト教団知多教会に転会。

宮澤一幸（みやざわかずゆき）
長野市出身。1960年生まれ。大阪府枚方市在住。教会学校から教会に導かれ、高1時に受洗。2013年3月から京都府八幡市の明野キリスト教会員。妻、子2人、孫2人あり。趣味はトレイルランニング、楽器演奏。

勝俣寛人（かつまた・ひろと）
神奈川県出身。ゴスペルマジシャン。少年時代、サラリーマンであった父が牧師へと転向。ある日突然 PK（Pastor's Kids）と呼ばれるようになる。その中で経験してきた数々の証と共に、聖書をマジックで表現する「ゴスペルマジック」を携え、宣教の働きに従事。野球は横浜を応援している。

Solae（ソラ）
北海道函館市出身。もしもアスラン（「ナルニア国物語」に登場）のたてがみに触れることができたら、きっと「神さまのかおり」や「神さまの体温」を感じることときっと同じだろうと、想像している。 絵本「起き上がり小法師」の著者。 インマヌエル松山キリスト教会会員。

立川 生（たちかわ・いくる）
1985 年兵庫県神戸市生まれ。クリスチャンホームで育ち就職を機に東京、福岡へ転勤。現在日本バプテスト連盟博多キリスト教会在籍。

山本和義（やまもと・かずよし）
1972 年兵庫県小野市生まれ。中学 1 年生の時に宣教師によってキリストに導かれ、後にあお福音ルーテル教会（西日本福音ルーテル教会）にて受洗。 2001 年米国ワシントン州トリニティ・ルーセラン・カレッジ（BA)、2007 年東京基督神学校卒業（M.div）に学ぶ。日本同盟基督教団正教師。現在、同教団支援教師及び介護士。

匿名 2 名。

【チーム K　校正担当】

有松正治（ありまつ・せいじ）
北九州市出身。1948 年生まれ。大阪府枚方市在住。妻の所属する京都府八幡市の明野キリスト教会に日曜日ごと妻の送り迎えをしていたが、退職後 61 歳のとき、同教会にて大頭眞一牧師より受洗。以来 10 年余り、現在まで同教会

協力者の方々のプロフィール

解説と校正：山田風音＆みぎわ（やまだ・かずね＆みぎわ）

愛知県生まれ、新潟市在住。九州大学芸術工学部卒業後、豪州短期宣教師を経て保育士・幼稚園教諭として働く。2018年、インタビュー自分史の執筆や出版を手掛ける「ライフストーラー企画」を立ち上げる。名古屋市のクリスチャンシェアハウス「グレイスハウス」元ディレクター（チャプレン）。会衆を困惑させる奏楽者でもある。life-storier.com grace-house.com みぎわ：新潟出身の父と秋田出身の母を持つ米どころハーフ。新潟聖書学院聖書課修了。保育士・幼稚園教諭。星野源の大ファン。

説教集協力者

【チーム O　文字起こし担当】

安達世羽（あだち・よはね）

神奈川県出身。東京学芸大学教育学部カウンセリング専攻卒。卒業後、和歌山県にある NPO 法人白浜レスキューネットワークで 2 年間、自殺予防・自立支援の働きに従事する。現在は聖契神学校専門科に在学中。

阿部俊紀（あべ・としき）

1966 年仙台市生まれ。明治学院大学在学中に、横浜市にある戸塚めぐみキリスト教会で信仰を持ち、鈴木 真牧師に師事する。現在は仙台新生キリスト教会に通う。

荒木 泉（あらき・いずみ）

リージェントカレッジ、キリスト教学部卒業。カナダ在住。OMF 宣教師を経て、現在 ISMC 宣教師（インターナショナルフィールド代表）。RJC カウンシルメンバー、CJM 責任役員、Damah 国際映画祭実行委員、ReMinD メンバーを兼任。アーティスト。アートと神学の研究者。

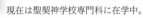

あとがき

第3巻『栄光への脱出――出エジプト記』から第4巻『聖なる神の聖なる民――レビ記』までが4か月、第4巻からこの巻までが4か月ですから、以前よりも出版の間隔が短くなっているようです。これも長引くコロナの影響かもしれません。文字起こしや校正にあたってくださる方がたが、ステイホームで時間をさけるようになっていることもあるでしょう。読者の方がたもじっくり読書を、と言うのでしょうか。よく売れているようです。

実際の説教からあまり間をおかないで出版されることは有意義なことだと思います。もともと歴史に残る説教を、というようなつもりはみじんもありません。この時代に、この会衆に、と語っているのに過ぎません。その意味では新聞のような説教なのだろうと思います。その場でだけ用いられて、すぐに古新聞になってしまうという。それでもなお出版する意味があるとするならば、それはそこで行われている神さまへの手探りの感覚とでも言うべきものかもしれません。説教を準備していて、いつも感じるのは聖書から迫ってくる神の大きなあわれみです。この迫りが来るとほっとします。「あぁ、これでここから語ることができる」と。後は、その迫りをできるだけリアルに表現する言葉を探すのです、大胆に。

大胆に語るためには神学が必要です。なにを語ったら逸脱になってしまうのか、そのぎりぎりのところをわきまえる必要があるからです。そのために学びを続けているのですが、いつも励ましてくださる方のひとりが水垣《みずがき》渉《わたる》（1935-）先生です。第4巻についてもお手紙をくださいました。

……どんな牧師も聖書の全箇所を説教することはできないでしょうから、説教の目的の一つは、聴く者に聖書の読み方を教えることにあるでしょう。この点で27頁の「コツ」は繰り返し語って頂きたいことです。100頁の「愛し方」「練習」「ますます」に具体化されていると読みました。私などがこれまで研究してきたのは、そのことを「思想」として受けとるとどうなるかということですが、そのカギが聖書のハヤトロギア的なうけとり方にあると教えられたことが何といっても私の開眼となりました。この「思想」によると、「主語は神さま」とは「主語をつくる主語は神さま」のことであり、「動機は愛」

は「愛する者（主語）をつくる愛」ということになります。こう考えると100頁がつながって具体化します。……

水垣先生が有賀鉄太郎《ありがてつたろう》（1899 - 1977）から学び、深めてきたハヤトロギアは、聖書に鮮やかな動的《ダイナミック》な神をよく表現していると思います。そんな神の物語は、私たちを招いて動きださせる物語。愛を生み出す愛なるお方の物語なのです。

今回も横浜指路教会の藤掛順一牧師の説教を参考にさせていただいています。文字起こしや校正の仲間たちにも感謝します。解説の山田風音《かずね》さん、装丁の長尾 優さん、カットの「じょ～じ」こと早矢仕《はやし》 宗伯《ひろたか》牧師、そしてヨベル安田正人社長ご夫妻に、いつものようにご労をとっていただきました。

続くコロナの中でも、福音がますます解き放たれますように。

２０２１年振起日

大頭眞一

何度でも何度でも何度でも 愛

YouTube で聴くことができます

3

　（折り返し）
　民を数える民数記
　愛を数える神さまは
　裏切られても　裂かれても
　何度でも　何度でも　何度でも　愛

神とモーセをののしって
蛇に苦しむイスラエル
仰いで生きよと御子の声
十字架上の御子の声

4

　（折り返し）
　民を数える民数記
　愛を数える神さまは
　裏切られても　裂かれても
　何度でも　何度でも　何度でも　愛

苦労の果てにヨルダンを
渡ることえぬモーセをも
胸に抱きしめ復活の
いのちの朝まで休ましむ

「何度でも何度でも何度でも　愛」

作詞：大頭眞一　作曲：久保木 聡

1

(折り返し)
民を数える民数記
愛を数える神さまは
裏切られても　裂かれても
何度でも　何度でも　何度でも　愛

モーセをののしるコラたちが
異なる火をばささぐとき
神の怒りは燃え上がり
神の心はなお痛む

2

(折り返し)
民を数える民数記
愛を数える神さまは
裏切られても　裂かれても
何度でも　何度でも　何度でも　愛

旅を重ねてカデシュの地
岩を二度打つモーセにも
神は嘆きの声をあげ
神の心はなお痛む

2
る　3）かみさま と と も に よろ こび かみさま と と も
に たのしむ オールは みず か ら 持 ち 漕ぐちか ら に た
す けいただき みみを澄 まし 御 こ えを 聞 き ゆるや
か に す す み 行 く 4）かみさま と と も に よろ こび
かみさま と と も に たのしむ きよらか にな が れ るみず
いつ もあ たらし くされ い のり いのら れ
つよめら れー はげまし 受 け て あ る いの ち

神さまと共に

作詞：Solae
作曲：田中　殉

3
神さまと共に喜び
神さまと共に楽しむ
オールは自ら持ち
漕ぐ力に助けいただき
耳を澄まし　御声を聴き
ゆるやかに　進み行く

4
神さまと共に喜び
神さまと共に楽しむ
清らかに流れる水
いつも新しくされ
祈り祈られ　強められ
励まし受けて　ある命

YouTube で聴くことができます